健康活力唤醒系列

功能性训练

疼痛消除·损伤预防

黄志基　鹿国晖　刘杨 —— 主编

化学工业出版社

·北京·

内 容 简 介

什么是功能性训练？

为什么要进行功能性训练？

如何有针对性且高效地进行功能性训练？

《功能性训练》的内容包含了三个主要部分：功能性训练的动作模式、功能性训练的训练技术、功能性训练计划设置。

本书适用于大众健身爱好者和专业运动人士，可供进行康复性训练和功能性体能训练参考，全书约90%的训练动作加入了配套的视频演示，扫码即可观看，让读者在学习训练技术的同时，更便于提高动作质量，更安全、更有效地达成训练目标。

图书在版编目（CIP）数据

功能性训练/黄志基，鹿国晖，刘杨主编.—北京：化学工业出版社，2021.3

（健康活力唤醒系列）

ISBN 978-7-122-38325-9

Ⅰ.①功⋯ Ⅱ.①黄⋯ ②鹿⋯ ③刘⋯ Ⅲ.①运动训练-基本知识 Ⅳ.①G808.1

中国版本图书馆CIP数据核字（2021）第015618号

责任编辑：宋　薇　　　　　　　　　　装帧设计：张　辉
责任校对：李雨晴

出版发行：化学工业出版社（北京市东城区青年湖南街13号　邮政编码100011）
印　　装：中煤（北京）印务有限公司
880mm×1230mm　1/24　印张7¼　字数215千字　2021年9月北京第1版第1次印刷

购书咨询：010-64518888　　　　　　　售后服务：010-64518899
网　　址：http://www.cip.com.cn
凡购买本书，如有缺损质量问题，本社销售中心负责调换。

定　价：98.00元　　　　　　　　　　　　　　　　　版权所有　违者必究

功能性训练

前 言

近年来，健身话题在国内的热度不断升高，健身市场也持续高速发展，因此越来越多的人开始健身，希望通过健身收获好身材的同时提高健康水平和生活质量。然而目前国内的健身市场及网络主流讯息还是"健美训练"，这和发达国家 2000~2010 年的状态一致。在这样的环境下，绝大多数健身人群讨论的话题依然是如何增肌或减肥，因此传统的器械训练和稳态有氧训练（例如慢跑、游泳、单车骑行）依旧是人们的主要健身方式。并不是说这样的方式不可行，只是随着运动科学的发展，我们会发现通过这样的健身方式，训练者的身体收益并不全面。希望通过本书为训练者带来更综合的训练方式，从而让训练者获得"不仅好看，而且好用"的身体。此外，通过健身收获健康与美丽的同时让生活更有"质量"，也是这本《功能性训练》的创作初衷。

本书的创作团队在为国家队的运动员提供指导的同时，也会为很多健身房的私人教练提供培训，多年的指导和培训中会遇到比较集中的几类问题：

- 关于慢性疼痛　教练将训练者转介到医疗机构，而 X 线或磁共振的结果显示没有任何异常，但训练者依然有持续不适感。

- 关于进阶不适宜　训练者在执行训练时，尝试各种纠正方式，都无法改善训练者的训练技术。

- 关于运动表现　训练者进行了肌力和心肺训练，无论是肌肉力量还是肌肉围度，都有明显的增长，身体成分改善也很理想，但在生活中或其他体育活动中（比如篮球、足球）却表现得略显笨拙。

以上这三类问题如果用传统肌力训练去解决会相对困难，但从功能性训练的思维角度出发却能快速得到改善：我们可以通过关节活动度和稳定性的训练帮助训练者改善体态并调整身体张力，再进行有针对性的动作模式训练，从而帮助他们减缓甚至消除疼痛；我们可以通过动作模式的进阶与退阶找到更适合训练者当下能力的训练方法，从而让他们通过有针对性且安全高效的运动实现健身的目标；通过对训练者的日常生活或运动爱好进行动作模式分析，选择或设计更有针对性的、更具功能性的训练动作，让喜爱运动的人真正地"动"起来，把传统抗阻力训练获得的肌力有效地运用出来。

《功能性训练》是北京体育职业学院携手亚洲康复体能学院共同编写的实用性康复训练指导类书籍，校企合作凸显本书的编写优势，在内容上力求科学性、前沿性、启发性和实践性，图文并茂，并在书中多处设置了动作视频，扫码即可观看学习。无论你是体能教练、私人教练，还是健身爱好者，我们都希望《功能性训练》可以帮助你打开训练思路，可以通过功能性训练让自己的体态更好，教会自己更正确地使用身体执行高效精准的动作模式，从而预防慢性疼痛；通过为功能性训练设置适合的阻力来增加神经、肌肉系统的适应性；通过不同的训练/间歇时间比的设置，增加心肺功能的同时兼顾燃烧脂肪。希望训练者在全面提高身体能力的同时，让增肌减脂的效果成为"额外奖励"。

本书由黄志基、鹿国晖、刘杨任主编，李建亚、朱丽敏、李率铭任副主编，参与编写的还有年晓建、孙启宏、孙鹏堂等，全书由李铂主审。

生活本就是"竞技场"，任何人都有自己的"竞技场"，任何人都需要更好的运动表现、更有质量的生活。

编者

2021年6月

目录

第一部分 功能性训练的动作模式

第一章 功能性训练就是有意义的训练 …………………………… 2
　第一节　功能性训练的界限 …………………………………………… 3
　第二节　功能性训练的意义 …………………………………………… 5
　第三节　功能性训练的优势 …………………………………………… 7

第二章 "A·R·C·M"步步为营建立功能性训练体系 ………… 12
　第一节　运动能力的建立过程 ………………………………………… 13
　第二节　A·R·C·M步步为营 ……………………………………… 14
　第三节　动作模式基本元素的划分与进阶思路 ……………………… 18
　第四节　功能性训练的特点 …………………………………………… 24

第二部分 功能性训练的训练技术

第三章 功能性训练前的准备 …………………………………………… 30
　第一节　场地、环境及安全事项 ……………………………………… 31
　第二节　训练者的训练准备 …………………………………………… 32
　第三节　训练前的热身——泡沫轴 …………………………………… 34
　第四节　训练前的热身——激活（灵活性及稳定性）………………… 42
　第五节　动态热身 ……………………………………………………… 53

第四章 自重及稳定球训练 ················· 62
　第一节 自重及稳定球训练的意义 ············ 63
　第二节 自重训练动作 ·················· 63
　第三节 稳定球训练动作 ················· 72

第五章 能量包训练 ···················· 78
　第一节 能量包分类训练的优势 ············· 79
　第二节 能量包训练的动作 ················ 81

第六章 壶铃训练 ····················· 102
　第一节 壶铃训练的由来和优势 ············· 103
　第二节 壶铃训练与其他训练的差异 ··········· 104
　第三节 壶铃的训练安全和基本使用方法 ········· 106
　第四节 壶铃训练技术 ·················· 108

第七章 战绳训练 ····················· 124
　第一节 战绳使用指南 ·················· 125
　第二节 战绳训练的通用原则 ··············· 127
　第三节 战绳训练技术 ·················· 129

第八章 药球训练 ····················· 144
　第一节 药球训练须知 ·················· 145
　第二节 药球训练技术 ·················· 146

第三部分　功能性训练计划设置

第九章　功能性训练的训练计划……………………………… 156
　第一节　训练者的动作模式评估 ……………………………… 157
　第二节　从0到1的功能性训练改善计划 …………………… 159
　第三节　以运动表现提高为目的的训练计划 ……………… 161
　第四节　训练课表的编排 ……………………………………… 163

参考文献 ……………………………………………………………… 166

功能性训练

第一部分　功能性训练的动作模式

POINT 01　功能性训练就是有意义的训练

- 功能性训练的界限
- 功能性训练的意义
- 功能性训练的优势

POINT 02　"A·R·C·M"步步为营建立功能性训练体系

- 运动能力的建立过程
- A·R·C·M 步步为营
- 动作模式基本元素的划分与进阶思路
- 功能性训练的特色

第一部分 功能性训练的动作模式

第一章 功能性训练就是有意义的训练

知识目标

1. 了解功能性训练的起源与发展，以及现在训练领域对于功能性训练的使用
2. 了解功能性训练的意义及优势
3. 了解什么样的人群需要功能性训练

能力目标

学习者可以感受到，在训练周期中加入功能性训练可以使训练者综合体能及运动表现更为理想

素养目标

通过对比传统阻力训练和功能性训练的优势与不足，培养训练者用辩证的思维看待事物，并取长补短尝试组合出更有效的处理方法

第一节　功能性训练的界限

运动成绩提升真的有什么秘诀吗？

- 2006年德国世界杯，东道主德国队的武器——德国国家足球队主教练克林斯曼在训练体系中添加功能性训练内容，帮助德国队在2006年世界杯获得季军。
- 2012年伦敦奥运会，中国代表团38块金牌的秘密——中国奥运代表团多支运动队引入功能性训练团队，为夺取38枚金牌的优异成绩做出重要贡献。
- 2014年巴西世界杯，德国队再次登顶的法宝。

从此，功能性训练在体坛备受关注。

功能性训练，不仅适用于竞技性体育运动，对于大众健身也有着独特的作用：康复性功能训练——针对患者进行的康复性训练；功能性体能训练——针对运动员，以提高运动成绩为主要目的。

　　功能性训练近年来在全球范围内得到广泛认可，无论在大众健身还是竞技体育领域，均是热门话题，甚至被很多教练称为"必修训练"，功能性训练的概念源于运动医学领域，更多出现在康复和物理治疗的处方中，目的很明确，让患者可以从治疗室重回生活或者竞技赛场。

　　在体育运动及健身训练中，教练们对功能性训练的理解大多是有明确目标的训练，这里的目标，应是一种明确的"能力"。比如选手希望在赛场上跑得更快，这无疑是一种"能力"，但如果选手髋关节稳定性不足，就会导致单腿支撑周期无法满足高质量奔跑的技术需求，解决方案是进行髋关节稳定性训练，因为此项训练是特别针对该选手的功能性训练，可以帮助他间接提高跑步技术水平乃至于提升速度，以此来提高选手"跑"的"能力"（图1.1）。

第一部分 功能性训练的动作模式

第一章 功能性训练就是有意义的训练

图1.1 跑步中的髋关节稳定

反面例子则是，我想让肌肉围度增长，这也算是有明确目的，那是不是意味着让围度增长的肌力训练或健美训练也属于功能性训练呢？答案是否定的，一是因为在传统竞技以及大众健身领域，肌肉过度肥大的意义并不明显，生活中或者大多数竞技项目中，训练者的肌肉围度过大往往限制综合运动的表现；二是因为健美训练中很多动作是单关节，或者依赖外部支撑（座椅或躺椅），这些方式可以更好地让部分肌群集中发力，但却不具备功能性，因为在生活中或在运动场上没有这样的外部支撑，也不是靠单关节完成动作，因此大部分健美训练的内容我们无法视为功能性训练，即使训练可以达到使肌肉围度增加的"目的"（图1.2）。

图1.2　有外部支撑的训练

第二节　功能性训练的意义

　　上文提到的很多教练把功能性训练定为"必修训练",可能有些夸张,但至少有两类人群可以从功能性训练中得到非常明显的收益。

　　第一类人群是因为后天的工作或生活习惯导致身体应有功能性动作出现障碍,比如久坐、缺乏运动会使髋关节活动受限,核心稳定性变差,导致执行俯身动作时,容易使更多的前屈发生在脊柱上而非髋关节,因此动作会变得低效。再比如长期使用手机和电脑,导致肩关节失去中立位、稳定性下降,因此执行推和拉等动作时,肩带很难维持稳定,或者肩肱节律容易出现异常,也会让上肢动作变得低效。不仅如此,如果上面提到的两个案例中的人开始进行健身训练前,不恢复自身原有的"功能",除了让健身效果大打折扣外,还会加大受伤或身体局部产生慢性疼痛的风险(图1.3)。

　　第二类人群暂且定义为"运动员",这里打了引号,是因为虽然训练者不是真正的职业运动员,但随着体育和健身行业的发展,他们对运动表现的需求及赛场成绩的追求已

第一部分 功能性训练的动作模式

第一章 功能性训练就是有意义的训练

远远超出了大众健身的水平（尤其在国内一线城市，各类运动俱乐部如雨后春笋般出现，比如格斗、马术、射击、网球、高尔夫等领域），因此对他们来说，"体育活动"已经成为"竞技运动"，本书中我们将他们称为"运动员"。在体能训练中，有一句广为流传的经典台词——各类运动的相似性远大于差异性。相似性在于，绝大多数竞技项目，除了健康体适能中包含的柔韧性、肌力、肌肉耐力及心肺功能外，运动员都需要具备速度、爆发力、灵敏性、协调、平衡等特质，这都属于经典体能训练的范畴。

图1.3 久坐办公带来的姿势影响

而那小部分的差异性，就是不同竞技项目中特有的"动作模式"。比如高尔夫选手开球和网球选手开球不同，虽然主要动作都是旋转，但运动的差异会导致发力模式有一些区别，因此动用的肌群和需要的身体能力也是有区别的。而这些差异性能力的提高，往往可以通过功能性训练来实现。

另外，比如公路自行车选手为了降低骑行中的风阻，需要长期在脊柱屈曲的姿势下进行骑行，这会使脊柱背侧的肌肉长期处于拉伸状态，我们不能改变运动员的骑行姿势（因为这个姿势是最有利于比赛取得好成绩的），但可以在他们的训练计划中加入躯干稳定状态下（脊柱背侧肌肉等长收缩）的髋关节伸展发力动作，这样可以更好地帮助自行车选手预防腰部肌群劳损。每个项目的选手，都会有一些常见易受伤的部位，往往也可以通过功能性训练预防这些部位损伤。

因此，功能性训练主要的意义在于：
- 让一些身体功能出现障碍的人恢复健康。
- 帮助"运动员"提高运动表现。
- 预防损伤。

第三节　功能性训练的优势

在阐述功能性训练的优势前，先来想象一个场景：有一位训练者在倒蹬机训练中可以完成很大的重量，却无法完成一个有质量的深蹲。不可否认他的腿部力量是很强悍的，但同样可以确认的是，他的下肢功能是有障碍的，这种障碍可能就会导致在起跳后落地时更容易受伤，原因是什么？倒蹬机是在有稳定支撑下完成的开链动作，而起跳落地时则是在下肢没有任何辅助下完成的闭链离心收缩，显然这两项能力之间无法完全画等号，而对于起跳后落地缓冲这个能力的提高来说，自重深蹲比倒蹬机更具备功能性。在这里笔者想表达的就是传统力量训练是有效的，但对于很多运动来说，传统力量训练不是唯一的方式，更不是最高效的方式，毕竟我们不是要把所有项目的选手都训练成力量举或者奥林匹克举重选手。在体能训练领域中著名机构 National Strength and Conditioning Association（美国国家体能协会，简称 NSCA）的注册体能训练师教材 Essentials of Strength Training and Conditioning（体能训练概论）中，也有一个章节 "Exercise Technique for Alternative Modes and Nontraditional Implement Training"（代替模式和非传统阻力训练技巧）来介绍功能性训练。

第一部分 功能性训练的动作模式

第一章 功能性训练就是有意义的训练

相关信息页码

精准性	P8
有效性	P9
高效性	P10

1 精准性

在训练者的动作质量不足时，我们可以找到其动作"异常的"关键环节，而这个环节是导致接下来一系列代偿的原因，只有有针对性地解决这个功能性不足的问题，才能提高动作质量。举一个常见的例子。有些人日常走路会走出模特T台走秀的步伐（图1.4），模特是为了走秀而"有意为之"，而很多人确确实实是功能性下降导致步态出了状况，可能是髋关节稳定性下降，或者臀中肌无力，甚至只是因为足弓塌陷，长期并大量用这样的方式走甚至是跑，会增加下肢受伤的风险，对其进行单腿的髋关节稳定性训练，就是相对精准的功能性训练。

图1.4 走路时的不良步态

2　有效性

　　功能性训练更强调完成动作模式，而非募集某些肌肉。而功能性训练之所以有效，是因为我们思维中储存的是各种动作模式的执行方式，而非肌肉工作的方式。生活和运动场不是起止点解剖课程的教室，比如我们要拿起掉在地上的手机时，大脑里想到的不会是用哪些肌肉驱动腿部走过去，再利用臀大肌和腘绳肌进行离心收缩来完成屈髋姿势，而只是走过去，俯身，捡起来。功能性训练也是如此，我们是通过设计的动作，训练相应的功能，让相应的肌群得到自然而然的训练。

　　与传统抗阻力训练相比，功能性训练更强调运动平面的复杂性，而传统抗阻力动作更倾向于在相对单一的平面内做线性运动。比如卧推是水平面为主的动作，高位下拉是额状面为主的动作，而罗马尼亚硬拉则是矢状面为主的动作，但在生活中和运动场上，身体往往需要同时在多平面内完成更复杂的动作，我们完全可以根据需求设计和选择功能性训练的动作（图1.5）。

图1.5　功能性训练中复杂的运动平面

第一部分 功能性训练的动作模式

第一章 功能性训练就是有意义的训练

3　高效性

功能性训练的高效性体现在多关节协同完成一个有意义的动作。比如起跳落地的缓冲，这并不是某一块肌肉或某一个关节完成的，而是通过下肢绝大部分肌肉共同参与，完成三个关节的缓冲动作，才能避免关节产生极大的冲击力，或者直接摔倒。

试想下，生活中或者运动场上，有哪一个动作是依靠单关节运动完成的？答案是几乎没有。那么在健身房中执行的那些单关节运动，其意义到底是什么呢？追根溯源，是当年美国健身运动的兴起，很多器械厂商为了推广自己的产品，签约了一些健美运动明星为品牌代言及推广，使健美运动兴起。而目前的中国乃至于世界，很多人还无法区分健身与健美。这里并不是要否定一切单关节训练动作，而是更理性地将其视为训练者运动技能提高过程中的一个过渡阶段的训练，其目的是修补一些局部肌力短板，为以后更有意义的多关节训练做铺垫。

4　总结

在了解功能性训练的意义和优势后，我们便可以很好去理解为什么大众人群和高水平运动员都需要进行功能性训练（但训练内容的设计却大相径庭），如果训练的目的是提升"适应性"，那功能训练就像是"拟态训练"，提升的是训练者在"真实世界"中的适应性。

相关信息页码

总结　　　　　　P10

第一部分 功能性训练的动作模式

第二章 "A·R·C·M"步步为营建立功能性训练体系

第二章 "A·R·C·M" 步步为营建立功能性训练体系

知识目标

1. 了解人体运动能力的建立过程
2. 理解如何将一个动作进行有效进阶或退阶
3. 理解动作模式是来自于"基础动作元素"的组合

能力目标

利用功能性训练的特性合理安排训练的进阶和退阶，让训练者进行更精准高效的训练

素养目标

通过基本动作元素的组合，以及动作的进阶和退阶原则，培养训练者看待训练动作的逻辑思维，把训练动作视为"可编程"的，达到举一反三的目的

第一节　运动能力的建立过程

运动是人类与生俱来的能力，基因及天赋往往影响的是运动能力的上限，而不影响日常生活中的活动及简单的运动技能。日常生活活动受限和运动技能的不足，往往来自功能性的缺失。

可以观察一下健康的婴儿，在无人教学的情况下，是如何一步步建立运动能力的。先是卧位（仰卧、俯卧、侧卧）的一些四肢活动，随后开始学会支撑的姿势并可以自己翻身。再之后是爬行，这个阶段属于自我训练关节灵活度和稳定性的过程。大概一岁的时候，可以完成单膝跪姿和蹲、站等动作。随后开始自我学习走路，随着慢慢成长，学会了跑、跳、投掷等一系列动作。对于每一个健康成人来说，这些过程都是经历过的，为什么还会在成年后出现"功能性退化"呢？其中一个重要原因是后天习惯，比如久坐、过度使用电子产品、不良的体态等。

如果想重建缺失的功能性，可以模拟婴儿的"自我修行"方式。新生婴儿没有不良体态的问题，所以可以直接建立和发展运动能力。而成人，首先要做的就是调整体态，恢复关节的排列，建立关节共轴性（Proper Alignment）。随后是建立关节活动度及稳定性（Joint ROM and Core Stability），在四肢进行活动时，躯干、肩及髋关节可以产生理想的稳定性，并以此作为四肢活动的"支点"，形成有效的杠杆运动。在这之后，便是建立正确的动作模式（Correct Movement），常见的动作模式是推、拉、蹲、旋转等。简称 A·R·C·M，见图2.1。

图2.1　A·R·C·M

第一部分 功能性训练的动作模式

第二章 "A·R·C·M"步步为营建立功能性训练体系

相关信息页码

建立关节共轴性（Proper Alignment） P14

建立关节活动度及稳定性（Joint ROM and Core Stability） P15

第二节 A·R·C·M步步为营

1 建立关节共轴性（Proper Alignment）

共轴性即两个圆柱体的中轴线重合。如果对这个概念不理解，可以简单理解成理想体态（图2.2）。由于先天结构异常造成的体态问题暂且不谈，只考虑因不良的姿势和习惯造成的后天影响。不良体态大多是不良的习惯、心理因素、情绪以及受伤或疾病等问题造成的。维持不良的姿势过久，会影响到肌肉张力的均衡，进而改变关节的排列。青春期的女孩比男孩驼背比例更高，因为女孩的发育会让她们感到"不好意思"而故意含胸。情绪方面的影响也比较容易理解，如果一个人感到悲观失落，就会"垂头丧气"；如果是乐观积极的状态，就会"昂首挺胸"。急性的情绪变化，会短暂影响姿势；而慢性的长期情绪问题也会长时间影响身体的姿势，产生一系列体态变化。疾病的问题也如是，我曾经有一个患有慢性肠胃炎的训练者，他圆肩驼背的体态是因为经常胃痛，习惯捂着肚子或双手叉腰，久而久之在日常生活中也习惯了驼背。

肌肉骨骼受伤与体态不良的关联性比较高。我曾有一位在羽毛球运动中左踝扭伤的训练者，医生诊断没有骨骼损伤。虽然受伤已经是6个月前的事，现在没有任何疼痛，也可以进行运动，但是在运动中呈现了下肢功能性异常及惯性崴脚等问题，并产生重心偏移至健侧的情况。我为他制订训练方案前，对其肌力进行筛查，然后进行抑制过度活跃肌群的训练，再进行激活不活跃肌群的训练，并加入稳定性训练，最后建立良好的髋、膝、踝协同运动，从而改善下肢功能。

良好体态

骨盆后倾

骨盆前倾

图2.2 正确体态与常见体态问题

| 2 | 建立关节活动度及稳定性
(Joint ROM and Core Stability) |

　　关节活动度和稳定性会呈现相互制约和协同改善的状态，因此训练课程中经常会把灵活度和稳定性放在一起进行训练。

第一部分 功能性训练的动作模式

第二章 "A·R·C·M"步步为营建立功能性训练体系

关节灵活度受限可以分为两类，第一类是关节周围的组织（肌腱、肌肉、筋膜、关节囊，也可能是神经引起的）过于紧张，这类问题可以通过泡沫轴的SMR（自我筋膜放松）、主动或被动拉伸、治疗师的关节松动术等进行改善。而第二类是稳定性不足导致的，这类情况就需要进行有针对性的功能性训练了。

近端的稳定才可以驱动远端的灵活，这是目前在运动领域被广泛认可的理念。骨盆不稳定，髋关节的活动度就会受到影响；肩胛骨不稳定，肩关节活动度就会受到影响。髋和肩胛骨稳定性建立的前提是躯干的稳定。所以建议训练遵循图2.3的流程去发展稳定性，即先发展躯干稳定，再发展肩关节和髋关节稳定。

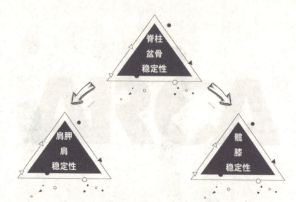

图2.3 训练稳定性的流程

无论是关节活动度还是稳定性出现问题，都会降低动作的质量；而低质量的训练动作，会大大减少运动的收益，同时增加运动受伤的风险。关节活动度下降会减少动作执行的幅度（做功降低），或者在动作末端因为运动关节幅度受限导致临近关节代偿，甚至受伤。关节稳定性不足也会产生一系列的代偿，影响动作质量，尤其在大负荷情况下，代偿情况会更明显。表2.1列举出了关节活动度

相关信息页码
建立正确的动作模式
（Correct Movement）
P17

下降后对常见训练动作的不利影响。

表2.1 关节受限会影响到的常见训练动作

受限关节	受限动作	会影响到的训练动作
踝关节	足背屈受限	深蹲，弓箭步
髋关节	屈伸受限	硬拉，深蹲，壶铃摆举，高翻，抓举，弓箭步
	外展外旋受限	硬拉，深蹲，壶铃摆举，高翻，抓举，弓箭步
胸椎	伸展受限	肩上推举，助力推举，挺举等过头推举动作
	旋转受限	伐木，铲草，俄罗斯转体
肩关节	肩胛骨上旋受限	过头推举系列，抓举，引体向上
	肱骨外旋受限	高拉，高翻，抓举

注：本书主要是功能性训练内容，因此表2.1中没有列举传统的器械抗阻力训练动作。

3　建立正确的动作模式（Correct Movement）

　　提到动作模式，不同体系给出了不同的答案。其实动作模式的划分本就没有统一的标准说法，在推、拉、蹲上各个体系和机构基本没有什么争议（有些体系会把蹲定义为下肢推，而把硬拉定义成下肢拉），除此之外还有旋转、弓箭步、单腿等不同的划分方式。FMPT体系的做法，是把复杂动作拆分成基本元素，如表2.2所示，我们执行的动作先分为两类，一类是原地执行，另一类则涉及位移。

　　（1）原地执行方式

　　某一个"体位"下+"躯干"在哪种状态下+"上下肢"进行了什么样的动作

　　原地执行的例子：俯卧撑——在地面位进行躯干抗伸展下的上肢推动作。

　　（2）涉及位移方式

　　以原地执行方式叠加移动的驱动方式进行排列组合（某一个"体位"下+"躯干"在哪种状态下+"上下肢"进行了什么样的动作+驱动方式）。

涉及位移的例子：弓步实心球前推——在站姿状态下进行躯干抗屈曲的上肢推动作，并配合跨步式向前。

接下来只需要根据训练者的身体需求，进行有针对性的组合，便可设计出非常适合的动作。需要注意的是，结合生物力学调整阻力的方向和形式、力臂的变化特征、高速还是低速执行动作，这些都可以视为运动的变量。

表2.2　FMPT动作模式的基本元素

体位	躯干	上/下肢	驱动方式
地面位	前屈/抗前屈	推	跨步式
跪姿	侧屈/抗侧屈	拉	
站姿	伸展/抗伸展	旋转	跃进式
	旋转/抗旋转		

第三节　动作模式基本元素的划分与进阶思路

在了解表2.2中列举出的动作模式后，需要进行合理的搭配，以及进阶或退阶，找到适合训练者的动作难度。盲目进阶无法保证高质量的动作执行，因为这不是一个"想不想"做好的问题，而是客观的"能不能"做到的问题。到底什么样的难度适合呢？通常会用"有挑战"来描述，这意味着训练者在认真执行的情况下，可以完成或接近"标准"动作，但过程不应该是轻松的，而是需要在努力下完成。当一个动作模式训练者可以很轻松完成，意味着动作的难度或执行时的负荷是过低的。除非要进行多重复次数的耐力训练或代谢型训练，否则这样的训练在能力提升上是略显低效的。

1. 动作模式的基本元素——地面位体位

地面位：按难度从难到易依次为：卧位→坐姿位→支撑位。

（1）卧位

躯干在地面或部分在地面，分为仰卧、侧卧或俯卧。难度对不同的人会有差异，三种卧姿无法得出一致的难度排序，常见的动作有"死虫"（图2.4）、卷腹、臀桥（图2.5）。

图2.4　死虫训练

第二章 "A·R·C·M" 步步为营建立功能性训练体系

图2.5 臀桥训练

（2）坐姿位

坐骨位于地面，未必是躯干垂直于地面，是可以有一定倾斜角度的。比如我们熟悉的经典健身动作"俄罗斯转体"（图2.6）便是在坐姿下进行的腹部训练。坐姿训练有时也会有一定的支撑辅助，降低动作执行时对核心肌群的要求，比如半程土耳其起立（图2.7）。

图2.6 俄罗斯转体

相关信息页码

动作模式的基本元素
——跪姿体位　　P21

图2.7 半程土耳其起立

（3）支撑位

躯干完全离地，上肢以手撑支撑难度会大于前臂撑；下肢以脚支撑难度大于膝关节支撑。平板支撑、侧桥、鸟狗式都属于支撑位训练。通过观察，绝大部分刚开始运动的训练者做的平板支撑虽然可以支撑很久，但却是低质量的，运动收益会大打折扣，同时代偿的发力也不是训练本意。在教练尝试去纠正动作时，会发现训练者很难达到要求的标准。原因还是上面提到的不当进阶，这时教练应该考虑比平板支撑难度低一些的动作，让训练者进行基础的核心训练，如鸟狗式。

2　动作模式的基本元素——跪姿体位

跪姿训练的主要收益是提高髋关节稳定性，跪姿可分为双膝跪姿和单膝弓步跪姿。需要了解的是两种不同跪姿的支撑面积（base of support）存在差异，稳定性也会随之发生改变。单膝弓步跪姿由于支撑面积较大，稳定性相对好。在设计动作

第二章 建立功能性训练体系 "A·R·C·M" 步步为营

第一部分 功能性训练的动作模式

相关信息页码

动作模式的基本元素
——站姿体位　　P22
动作模式的基本元素
——躯干状态　　P22
动作模式的基本元素
——上/下肢动作　P23
动作模式的基本元素
——驱动方式　　P23

时，需要根据阻力的方向、形式以及训练者的需求，选择到底用哪种跪姿来提高髋关节稳定性。

3　动作模式的基本元素——站姿体位

这里的站姿并不只包含常说的单脚或者双脚站立，凡是用脚维持姿势的方式统称为站姿。这意味着，站（髋膝关节几乎完全伸展的姿势）和蹲（髋膝关节有不同程度的屈曲，比如浅蹲、半蹲和全蹲）都属于站姿训练范畴。站和蹲的本质接近，均是由下肢完成的支撑姿势。

在维持姿态时对肌肉发力来说，重心越高越容易维持。因为关节角度减少，力矩相应下降，维持姿势需要的肌肉力量也将减少。而在维持身体平衡方面，重心低则姿势不容易被破坏。另外一个影响稳定性的因素是脚下支撑面积。如果想将一个"物体"推倒，只需要将物体重心的垂直投影移出支撑面。而如果被推的是人，人会通过调整姿势将重心重新分配，将重心的垂直投影拉回到支撑面之内。因此支撑面积越大，重心的"容错性"越高，身体也越稳定。简单概括就是，双脚左右并前后分开的站姿（高位弓步）最稳定，之后是双脚平行站姿，再增加难度就是双脚并拢，最难的自然也就是单脚站立了。

4　动作模式的基本元素——躯干状态

躯干的状态可以简单概括为对抗外力和产生力。训练次序建议是先练习对抗外力，再训练产生力。就本质而言，对抗外力需要的是肌肉离心和等长收缩；而产生力是向心收缩。从肌肉的特性来说，同一块肌肉的离心和等长收缩的力量是明显大于向心收缩的。以躯干的前侧肌肉举例，平板支撑和前面提到的"死虫"（图2.4），便是前侧肌肉的等长收缩，建立的是抗伸展能力；而"卷腹"练习的是前侧肌肉向心收缩，是建立脊柱产生屈曲的动作。如果纯粹从动作模式的角度来说（抛开阻力大小和方向等其他变量），"死虫"的难度是低于"卷腹"的。所以通常会先练习"死虫"，后练习"卷腹"，也就是先建立对抗外力的能力，再练习产生力的能力。

5　动作模式的基本元素——上/下肢动作

上肢及下肢可以产生的动作主要是推、拉及旋转。以上肢运动举例，无论是单手进行还是双手同时进行的推或者拉，都需要双侧肩同步运动或静止；而旋转，是双侧肩膀朝反向运动。下肢以髋关节参照亦是如此。在推与拉的概念上，通常我们会把物体远离身体中心（或将身体中心远离物体）的方式称为"推"；物体靠近身体则称为"拉"。旋转往往是双手分别执行推与拉，比如高尔夫球或棒球的双手挥杆动作。单边动作如乒乓球的击打、格斗中的出拳。在单手执行"推"的动作时，对侧手执行的是"拉"，因为一推一拉双侧反向发力才最有利于发动旋转。

6　动作模式的基本元素——驱动方式

驱动方式也可以理解成移动方式，这里主要分为跨步式和跃进式。跨步式移动常见的有弓箭步行走、横向侧移深蹲；跃进式涉及双脚腾空阶段，比如高速冲刺奔跑、蛙跳等都涉及了双脚同时离地。在对关节的冲击力方面，跃进式会大于跨步式，高质量动作的执行难度也会略高一些。因此在训练者的关节稳定和缓冲类动作模式有了不错的水平时，才建议安排移动式的动作。

第四节　功能性训练的特点

与传统体能训练相同，功能性训练通过肌肉神经系统的生理适应也会增加肌肉力量，但更注重功能性力量的发展，所以功能性训练更像是"拟态"训练。比如高位下拉可以发展背部力量，但对于攀岩运动员来说，显然负重引体向上甚至是负重单臂引体向上则更加实用。

为了达到"拟态"的目的，功能性训练往往会呈现出如下的特点。

1　复杂的平面

这是功能性训练很直观的特性。传统力量训练的运动平面相对单一。但无论是在生活中还是在竞技场上，人体大多数动作都是在多平面内进行的，哪怕是看着直来直去的百米赛跑，运动员也时时刻刻在水平面上执行旋转和抗旋转的动作。

2　多关节运动

这一点前面也提起过，人体只靠一个关节的运动，几乎没法完成任何事情。

3　非对称动作

在生活中推开一扇门、刷牙、吃饭、走路等都是在执行双侧不对称的动作。运动场上的投掷、出拳、足球射门等也都是非对称的。

相关信息页码

复杂的平面	P24
多关节运动	P24
非对称动作	P24
多元的阻力形式	P25
重心单元（Center of Gravity Unit，简称 COGU）的控制	P25

| 4 | 多元的阻力形式 |

在传统力量训练中，人体主要对抗的都是从上而下、基本垂直于地面的重力。但是在类似地铁上刹车或者赛场上的身体对抗，阻力都不是垂直向下的。

| 5 | 重心单元（Center of Gravity Unit，简称COGU）的控制 |

站立时人体的重心大概在小腹的高度（按照相对匀称的身形来说），但当人体产生动作，身体的"形状"就发生了变化，这时重心位置也会改变。如果把人体和使用的外物（比如一个壶铃）视为一个整体，这个整体的重心便称为重心单元。比如进行杠铃深蹲，人体和杠铃形成的整体重心基本只在上下移动；而当用壶铃执行摆举时（图2.8），随着壶铃远离身体的过程，重心单元不仅在上下移动，也会被"拉出去"。如果身体不做任何姿势的调整，就会向前摔倒，所以人体需要做出迅速反应。在壶铃运动的同时，身体也时刻做出相应的调整，让重心单元的垂直投影始终在支持面积以内，从而避免摔倒，这也可以训练到人体对外力的反馈。

图2.8　壶铃摆举

第一部分 功能性训练的动作模式

第二章 "A·R·C·M"步步为营建立功能性训练体系

相关信息页码

四肢穿越身体中线的动作	P26
总结	P26

6　四肢穿越身体中线的动作

在日常生活中，人并不是右手右脚永远在身体偏右侧进行工作的状态，训练也应如此。

7　总结

通过对本章内容的学习和理解，应该清楚地知道训练动作的选择讲究的是有序进阶，并通过对动作基本元素的理解，结合训练者对于动作元素的需求，进行有意义的组合，设计出更适合训练者本人的"专属定制"动作。

功能性训练

第二部分 功能性训练的训练技术

POINT 03　功能性训练前的准备

- 场地、环境及安全事项
- 训练者的训练准备
- 训练前的热身——泡沫轴
- 训练前的热身——激活（灵活性及稳定性）
- 动态热身

POINT 04　自重及稳定球训练

- 自重及稳定球训练的意义
- 自重训练动作
- 稳定球训练动作

POINT 05　能量包训练

- 能量包分类训练的优势
- 能量包训练的动作

功 能 性 训 练

第二部分　功能性训练的训练技术

POINT 06　　　壶 铃 训 练

- 壶铃训练的由来和优势
- 壶铃训练与其他训练的差异
- 壶铃的训练安全和基本使用方法
- 壶铃训练技术

POINT 07　　　战 绳 训 练

- 战绳使用指南
- 战绳训练的通用原则
- 战绳训练技术

POINT 08　　　药 球 训 练

- 药球训练须知
- 药球训练技术

第二部分 功能性训练的训练技术

第三章 功能性训练前的准备

知识目标

1. 明确功能性训练适合的场地、温度、湿度、环境
2. 明确训练者在训前应做哪些准备
3. 了解泡沫轴、激活、动态热身执行的意义和目的，并学习热身动作

能力目标

可以设置合理的场地环境让训练者进行训练，并根据训练者的需求设置热身内容，以及完成动作教学

素养目标

通过对训练前准备内容的学习，让教练意识到对训练者进行细致的安排和关怀是优秀教练的必备素养和职业技能

相关信息页码	
场地	P31
环境	P31
安全事项	P31

第一节　场地、环境及安全事项

1　场地

　　功能性训练中，教练需要考虑场地的材质、面积和训练方式的匹配性。功能性训练经常会有一些多方向的移动，实际执行的训练内容不同也会对场地面积有不同的要求。如果执行原地训练，需要的面积会相对固定。通常会留给每一位训练者最小的运动空间，是一个长和宽均为训练者臂展长度的方形空间。如果条件允许，会更倾向于为每一位训练者保留长、宽均为 2.5 米的正方形，尤其是在团体训练中。地面材质方面，运动地板、功能性训练地胶、草皮、较硬的减震地胶都是具有广泛适用度的材质。需要注意的是，过软的减震地垫会降低训练者下肢发力水平，甚至会增加受伤的风险。如果选用草皮应避免市面上的"装饰用假草"，这类产品的材质会比较薄且硬，遇水或汗均会湿滑。另外，如果在运动地板上进行壶铃训练，也要提前做好防护措施，避免壶铃落地损坏地面。

2　环境

　　室内训练环境温度保持在 22～26℃是比较适合的。较低的温度易导致运动损伤，而过高的温度会加速训练者整体体能的下降。潮湿的环境也会加速训练者体能下降，因此训练场相对湿度建议控制在 60% 以下。如果在户外进行训练，一定要考虑到天气因素（因为室内温度和湿度是更可控的）。另外，还要做好通风措施，确保空气流通。

3　安全事项

　　训练场地应保持清洁，因为灰尘较大会导致空气质量下降，也容易引发咽喉肿痛

第三章 功能性训练前的准备

或发炎的状况。打扫后要注意通风,在训练前确保地面干燥防滑,尤其是在运动地板或功能性训练地胶上进行训练。同时应该进行定期消毒,预防疾病的传播。

第二节　训练者的训练准备

1　服饰

在服装的选择上,比较推荐有一定弹性且相对贴身的衣服和裤子。过大的训练服可能会与小工具产生刮扯;过紧的衣服或裤子会限制动作执行。面料尽量选择速干型,功能性训练执行的动作经常会是全身性动作,所以出汗量会比常规抗阻力训练多,因此除了考虑服饰问题,教练员也要注意让训练者补水。

2　运动鞋

教练每次接触新的训练者(无论是运动员还是大众健身训练者),都建议花一些时间和训练者谈一谈鞋子的选择,尤其在功能性训练这种全身整合的训练方式里。市面上常见的运动品牌都会有"综合训练鞋",这类鞋比较适合功能性训练,也可以穿五指鞋。如果地面条件允许,甚至会建议训练者做一些赤足的训练,符合功能性训练的鞋子应该具备以下条件。

(1)鞋的前掌较宽:执行一些下肢三关节伸展动作时,可以产

相关信息页码
服饰	P32
运动鞋	P32
身体状态准备	P33

生更好的蹬伸动作，并且脚趾在鞋内也不会"拥挤"以至于变形（鞋的前面过窄会间接引起踇外翻）。

（2）鞋的侧面有一定的支撑设计：这样的设计可以避免侧移时扭伤脚踝，毕竟训练不是一成不变地在"矢状面"上运行。

（3）更推荐穿着较硬且相对薄的鞋底（相比于慢跑鞋）：较软和厚的鞋底减震会更好，但会不利于训练者"缓冲"技术的增长。

（4）足弓有一定的支撑：功能性训练大多时候都是"站着训练"，作为接触地面的身体部位——足，如果不稳定，身体各个关节的排列皆会产生蝴蝶效应，这对于动作质量和运动表现都会有很大的影响。

3　身体状态准备

功能性训练中主要工作的供能系统是糖酵解，因此不推荐空腹训练。比较理想的训练时间是餐后 2 小时，如果训练时间与上一餐间隔较久，训练前可适当补充以碳水化合物为主的食物，进行加餐，以避免训练中出现血糖过低。

水分的补充也尤为重要，为了让身体达到水合状态，建议在训练前 2 小时内喝 500 毫升液态水，并根据出汗情况在运动中和运动后进行补水。通常情况下，运动中训练者"感受到"口渴是轻脱水的一种表现。训练后体重下降主要来自水分流失，水的补充应该达到出汗量的 120%，也就是说运动后体重下降 500 克，补充水分应该达到 600 克。大量出汗的情况下，更推荐用电解质水进行补充。

最后是关于训练者状态，训练前教练应通过观察及询问以了解训练者的身体状态，需要识别其身体是在最佳状态还是处于疲劳或者其他状况，并根据训练者身体状态临时调整当天的训练计划。

第三章 功能性训练前的准备

第三节 训练前的热身——泡沫轴

热身是任何训练都需要的前置准备，在大众健身领域里提到热身很多人想到的就只是心肺热身。虽然心肺热身可以很好地提高全身体温，让身体处在适合运动的状态，但只是心肺热身对于功能性训练需要多关节、多平面进行运动来说，这样的准备是远远不够的。下面将列出目前训练领域内比较推崇的、适合于功能性训练的热身次序：

泡沫轴滚动→静态伸展（根据情况进行）→激活（灵活及稳定）→动态热身

泡沫轴滚动的原理类似于按摩，可以"模拟"物理治疗师的双手，之所以把模拟二字打了引号，是因为自己使用泡沫轴进行放松的综合效果远不如物理治疗师的效果。但是为每位训练者配备一位物理治疗师显然是不现实的，因此退而求其次选择泡沫轴。训练前的泡沫轴滚动，可以降低组织的黏滞性，处理组织中一些"扳机点"。通过这种略带疼痛的按压或滚动方式，达到放松组织的目的，可以在训练中提高运动状态，提升动作质量，长期效果则是降低运动损伤风险。其实不只是训练前，训练后也可以用泡沫轴进行放松，就像物理治疗师的手法治疗，既可以用于训练前也可以用于训练后一样。

使用泡沫轴滚动需要注意力度，可以用一个简单的原则来衡量力度是否适合，那就是"舒适的疼痛"，类似按摩，太轻的手法有点"敷衍"，无法达到放松的效果；太重的手法，激烈的疼痛感会引起神经紧张，非但无法起到放松效果，还会让训练者"缩成一团"，引起反效果。对于不同的人来说，这种舒适又疼痛的感觉无

相关信息页码

| 臀大肌放松 | P35 |
| 臀中肌放松 | P36 |

法用统一的量化标准来衡量，因此，训练者自身的感受尤为重要，教练员需要教会训练者自己用合适的力度来找到"舒适的疼痛"。由于放松动作基本都是支撑的姿势把身体压在泡沫轴上方，利用体重完成"按摩"，因此有时对于一些大体重或者上肢力量相对差的训练者来说，这种方式并不友好。这时可以通过与地面支撑点的增加来减少泡沫轴的按压力度，简单来说，就是降低附加在泡沫轴上的重量（自身体重的百分比）。

建议让训练者进行 5～10 分钟的泡沫轴滚动，具体动作选择要根据当天的训练内容而定。每一个动作大概 30 秒的时间，而遇到一些"扳机点"，或特别痛的位置，也可以让训练者在此处停留，推荐时间在 30～45 秒，通过深呼吸来放松疼痛带来的紧张，下面会列举出常用的泡沫轴滚动技术。

1　臀大肌放松

训练者将下肢摆成"4"字，身体向抬起腿的一侧略微倾斜，滚动幅度在腰部以下到坐骨附近（图 3.1）。

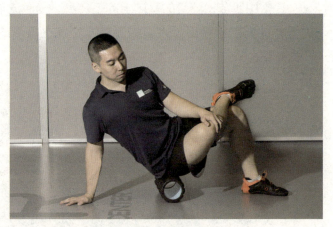

图 3.1　臀大肌放松

第三章 功能性训练前的准备

2　臀中肌放松

滚动位置在臀的外侧，可以在滚动臀大肌后，把臀大肌放松姿势中抬起的腿放下便快速设置到臀中肌放松的姿势上（图3.2）。

图3.2　臀中肌放松

3　大腿外侧放松

在臀中肌放松姿势的基础上向下转身，使泡沫轴在阔筋膜张肌附近，即髂前上棘下、大腿的侧前方位置进行滚动至膝关节上方（图3.3）。

图3.3　大腿外侧放松

相关信息页码
大腿外侧放松	P36
大腿前侧放松	P37
大腿内侧放松	P37

| 4 | 大腿前侧放松 |

俯身平板撑姿势,使泡沫轴在大腿正前方,在膝关节和髋关节之间进行滚动(图3.4)。

图3.4　大腿前侧放松

| 5 | 大腿内侧放松 |

把大腿内侧分为上中下3个部分,分别滚动10次左右(图3.5)。

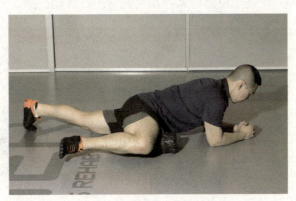

图3.5　大腿内侧放松

第二部分 功能性训练的训练技术

第三章 功能性训练前的准备

相关信息页码

大腿后侧放松	P38
小腿后侧放松	P38
小腿外侧放松	P39
小腿前侧放松	P39

6　大腿后侧放松

对单腿腘绳肌放松时，可用另一条腿进行"加压"，滚动区域主要集中在大腿中段到膝关节偏上位置（图3.6）。

图3.6　大腿后侧放松

7　小腿后侧放松

使泡沫轴在小腿的肌腹部分滚动，尽量避免滚到肌腱位置，在相对疼痛的位置可做停留并慢速左右转动（图3.7）。

图3.7　小腿后侧放松

8　小腿外侧放松

侧平板姿势，使泡沫轴在小腿外侧上下滚动，滚动幅度在外踝与腓骨之间，如果疼痛感强烈，可以用另外一条腿支撑地面以减轻压力（图3.8）。

图3.8　小腿外侧放松

9　小腿前侧放松

双手及单脚支撑，使身体重心朝被放松小腿一侧移动，泡沫轴在小腿前方偏外侧区域滚动（图3.9）。

图3.9　小腿前侧放松

第三章 功能性训练前的准备

10 上背部放松

仰卧在泡沫轴上,双手托住头颈,泡沫轴在胸椎段滚动。另一种形式则是双手抱住对侧肩膀使肩胛骨充分前引,使肩胛骨和脊柱之间的肌群更好地"裸露"出来,但由于脊柱棘突的关系,可使身体小幅侧转,进行单侧的滚动,或直接更换类似花生球形状的泡沫轴(图3.10)。

图3.10 上背部放松

11 背阔肌及肩后部放松

侧卧使泡沫轴在腋窝下,身体向后转动45°。上下移动身体使泡沫轴按压背阔肌及肩后部肌群,另一种不错的选择是身体不动,而进行一些摆臂动作(图3.11)。

12 胸部及肩前部放松

俯卧在泡沫轴上,移动身体使泡沫轴在胸部及肩部前方进行滚动,女性训练者酌情选择(图3.12)。

相关信息页码

上背部放松	P40
背阔肌及肩后部放松	P40
胸部及肩前部放松	P40
下背部放松	P41

图3.11　背阔肌及肩后部放松

图3.12　胸部及肩前部放松

13	下背部放松

　　保持脊柱中立位，仰卧于泡沫轴上，使泡沫轴位于下背部，身体上下小幅滚动，也可以进行左右转动，按压两侧的腰方肌和竖脊肌，此动作对于一些腰部有隐患的训练者未必适合（图3.13）。

图3.13　下背部放松

第四节 训练前的热身——激活（灵活性及稳定性）

前文中也有提到，泡沫轴的滚动练习后应进行静态伸展的内容。虽然很多研究都指出静态拉伸后的一段时间内，力量和爆发力都会明显下降，因此针对训练前热身是否要进行静态拉伸的讨论一直比较激烈，而对于训练后的静态拉伸双方均持肯定态度。不可否认，静态拉伸对当天训练时力量和爆发力均可能有影响。但对于某些柔韧度不足的关节预先进行延伸，增加关节活动幅度，对于预防受伤及提升动作质量也是有正面帮助的。静态拉伸后，进行动态热身类的整合热身，提升肌肉温度及心率，能够更好为训练做准备。

目前比较受推崇的是"Joint-by-Joint"，即关节交替关节的理念。这理念提出身体上相邻关节的功能是灵活及稳定交替呈现的，从下至上。踝关节—膝关节—髋关节—腰椎—胸椎—肩胸关节—盂肱关节，刚好是灵活与稳定交替呈现。至此，训练的激活思路就很清晰了，激活的动作设计应注意膝、腰椎、肩胛的稳定性，提高踝、髋、胸椎、肩关节的灵活性。这里需要注意有一些特殊的关节，就是髋关节、肩胸关节及盂肱关节，因为这几个关节在运动中，几乎是既需要灵活性又需要稳定性的，下面将列举一些常见的激活动作，在执行时一般是重复15次。

特别说明：

1. 肩胸关节：肩胛骨和胸廓构成的关节，全称为肩胛胸壁关节，通常叫法就是肩胸关节。

2. 盂肱关节：肱骨头和肩胛骨关节盂构成的关节，也叫肩关节，但在教学中发现很多大众甚至教练都以为肩关节是肩复合体的统称，所以用了更确切的位置进行描述。

踝关节灵活性训练

1　足背屈灵活性

脚尖离墙面约10cm，单膝跪姿，尝试用膝关节轻轻触墙，如果可以完成，后退继续，直到找到有挑战的位置。为确保每一次活动幅度都能达到标准，我们会更建议训练者脱掉鞋子，以确保可以观察到脚跟不离开地面，也可以多方向进行，比如膝盖顺着小脚趾外侧方向进行触墙，或对准正前方（第二三脚趾间方向），或在大脚趾内侧触墙（图3.14）。

图3.14　足背屈灵活性

2　踝关节水平面灵活性训练

用半轴或任何可以垫高前脚掌的方式,将支撑脚设置成背屈的位置,支撑腿屈膝,利用另一条腿的摆动,使支撑脚踝产生水平面的旋转动作(图3.15)。

图3.15　踝关节水平面灵活性训练

髋关节灵活性训练

1　分腿蹲（热身）

弓步跪姿，使骨盆中立或主动发力维持后倾（后倾的版本会更难），双腿均衡发力完成站立，动作过程中要保持脊柱垂直于地面，部分训练者已经有一些受限，可能无法双腿完全伸直，达到训练者觉得有明显牵拉感的位置即可（图3.16）。

图3.16　分腿蹲（热身）

第三章 功能性训练前的准备

2　垫高式深蹲

单腿垫高完成下蹲姿势，这样的方式可以使髋关节有更大的活动角度（图3.17）。

图3.17　垫高式深蹲

3　燕式平衡

单腿站立，大幅度俯身并抬高后腿，使躯干和腿形成一直线并平行地面。这是一个集灵活性和稳定性于一体的训练，如果训练者不能很好维持平衡，可用手扶辅助的方式协助身体稳定（图3.18）。

相关信息页码

垫高式深蹲	P46
燕式平衡	P46
侧弓步蹲	P47

图3.18 燕式平衡

| 4 | 侧弓步蹲 |

从双脚并立的姿势侧跨一步完成下蹲,侧蹲时使双侧骨盆同高,这样可以保证伸直一侧的腿有更好的外展幅度。如果是初学者,也可原地执行,双脚分开达到1.5～2倍肩宽,运动过程中双脚无需再移动(图3.19)。

图3.19 侧弓步蹲

第三章 功能性训练前的准备

● 胸椎活动度训练

1　胸椎旋转激活

四足支撑，使脊柱处于中立位，手臂和大腿平行且均垂直于地面。单手搭在耳朵上，肘移向对侧手臂，再反向向上旋转，转动时，视线随头跟着运动的肘[图3.20（a）]。另外一种方式是身体重心往下移，使髋屈曲幅度增加。这样的好处是可以更好地固定腰椎，更利于胸椎段的旋转[图3.20（b）]。

（a）四足式胸椎旋转

（b）跪姿胸椎旋转

图3.20　胸椎旋转

相关信息页码
胸椎旋转激活　P48
俯身胸椎旋转　P49

2 俯身胸椎旋转

屈髋膝俯身使躯干接近平行于地面，双手掌心朝前 [图3.21（a）]。旋转胸椎，手臂转向身后，视线跟着运动的手，过程中保持髋和腰椎不产生动作 [图3.21（b）]。这个动作的好处在于在增加胸椎活动度的同时，还可以保持腰椎和髋关节稳定，如果教练观察到训练者动作执行时髋膝不稳定，建议退阶执行四足式甚至是跪姿的胸椎旋转。

（a）俯身胸椎旋转准备姿势

图3.21

第二部分 功能性训练的训练技术

第三章 功能性训练前的准备

第三章 功能性训练前的准备

相关信息页码
泡沫轴墙上推举　P50
肩伸活动度训练　P51

（b）俯身胸椎旋转结束位置

图3.21　俯身胸椎旋转

● 肩关节灵活度训练

| 1 | 泡沫轴墙上推举 |

　　距离墙面约50cm站立，前臂固定泡沫轴，使其在墙面上下滚动。动作执行时注意速度要缓慢，向上推举尽可能达到极限幅度（肩屈达到180°），执行动作时保持躯干稳定，避免脊柱伸展（图3.22）。

图3.22 泡沫轴墙上推举

| 2 | 肩伸活动度训练 |

坐姿，双手与肩同宽，掌心朝前握泡沫轴，慢慢向后推出，在可控制范围下达到最大角度，随后慢速拉回还原并重复进行，可采用杠铃，难度会大一些，因为杠铃的转动会更容易（图3.23）。

第三章 功能性训练前的准备

图3.23 肩伸活动度训练

3　　"T"字、"Y"字伸展

俯身,尽可能降低躯干,直到接近与地面平行,双手掌心朝前[图3.24(a)],双臂打开,向身体后方运动,使双臂与躯干呈"T"字形[图3.24(b)]。执行时慢速且避免身体摇晃,"Y"字伸展的执行也是类似,只是改变了手臂的方向。

(a)"T"字伸展准备姿势

相关信息页码
"T"字、"Y"字伸展
P52

(b)"T"字伸展结束位置

图3.24 "T"字伸展

第五节 动态热身

  动态热身大多是在行进中进行的,包括直线行进(前进或后退)或侧向行进。可以让训练者完成固定次数,也可以对行进距离进行量化,比如行进15米或20米。下文将列举出常见的动态热身动作。

第二部分 功能性训练的训练技术

第三章 功能性训练前的准备

相关信息页码

摇篮步	P54
踢臀跑	P54
直腿踢腿	P55
虫爬	P55

1　摇篮步

抬起一条腿，双手分别抱在胫骨上下两端。发力尽量将腿拉到胸前（图3.25）。

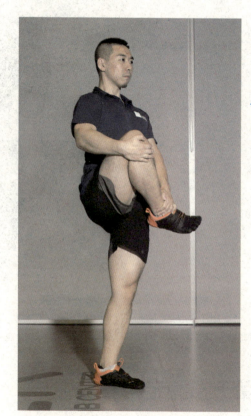

图3.25　摇篮步

2　踢臀跑

跑动中尽可能大幅屈膝，使脚跟轻触臀部（图3.26）。

踢臀跑

图3.26 踢臀跑

| 3 | 直腿踢腿 |

保持膝关节自然伸直，直腿抬高行走（图3.27）。

| 4 | 虫爬 |

双手交替向前爬行，直至训练者呈平板支撑姿势，随后保持手不动，脚交替向前行走，臀逐渐抬高，手脚交替进行（图3.28）。

第二部分 功能性训练的训练技术

第三章 功能性训练前的准备

相关信息页码

最伟大伸展（超级伸展）
P56

图3.27 直腿行走

直腿行走

5　最伟大伸展（超级伸展）

向前跨一大步，下降身体呈前弓步［图3.29（a）］，尝试用手肘接触地面［图3.29（b）］，之后呼气反向旋转［图3.29（c）］，手回到地面，抬高臀部并使前面的腿尽量伸直［图3.29（d）］。

图3.28 虫爬

第二部分 功能性训练的训练技术

第三章 功能性训练前的准备

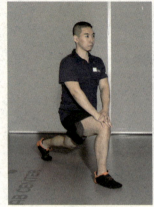
（a）最伟大伸展1

（b）最伟大伸展2

最伟大伸展

（c）最伟大伸展3

（d）最伟大伸展4

图3.29 最伟大伸展

相关信息页码
侧跨栏步	P58
侧弓步走	P59

6　侧跨栏步

抬腿向侧方跨步，抬起的脚尽量超过支撑腿大腿中段高度，落地后另一条腿向内侧跨步，也可以设立障碍栏，高度接近大腿中段，如果原地进行，只需一个障碍栏左右交替进行（图3.30）。

侧跨栏步

图3.30 侧跨栏步

| 7 | 侧弓步走 |

每次侧跨步均使双脚间距接近两倍肩宽，下蹲时保持另外一条腿伸直，可单侧行进若干米后换另外一侧，也可以每步左右交替执行（图3.31）。

第三章 功能性训练前的准备

侧弓步走

图3.31 侧弓步走

8 总结

合理安排训练前的热身可以使身体在训练时达到更好的状态，长期坚持则可以有效预防运动损伤，提高关节活动幅度，教练员可以根据训练的内容有选择性地安排相应的热身动作。

相关信息页码	
总结	P60

第四章 自重及稳定球训练

知识目标

1. 了解自重及稳定球训练的优势
2. 根据训练者对身体不同区域的稳定性提高需求选择训练动作

能力目标

1. 掌握自重训练及稳定球训练动作的执行标准
2. 通过对训练动作的练习，强化自身稳定性，并能高质量完成动作，以便于为训练者进行演示及教学

素养目标

通过有计划的规律训练强化自身体质及运动表现，成为训练有素、教学能力突出的优秀教练

相关信息页码

死虫　　　　P63

第一节　自重及稳定球训练的意义

　　自重训练最大的优势在于便利，而稳定球也是很容易获得的训练工具。这两种训练方法对场地空间的要求都很低，$2m^2$ 的空间亦可执行，因此无论在健身房，家中，还是出差时的酒店房间都可以进行。

　　很多人对于自重训练或稳定球训练的认知还停留在简单的"入门训练"状态，实际上这两类训练的难度都有非常平滑的跨度，从简单到难可以不断进阶。近些年国际上学者也在自重训练上做了很多研发，例如"野兽训练"。这需要训练者通过一些动作来模仿野兽移动，对提高关节稳定性和灵活性有很好的帮助。

　　利用不稳定的环境训练身体的稳定性，稳定球就是一个非常容易获取的"不稳定环境"。举个例子：训练者执行平板支撑时，如果将前臂支撑在稳定球上，这个动作就会变得非常不容易，教练甚至可以通过挤压稳定球的方式来提升动作难度。

　　身体的稳定性主要体现在腰椎骨盆（躯干）稳定性、肩部稳定性（肩复合体）、髋膝稳定性上。基本的运动模式主要是上下肢的推、拉、旋转，下文列举的动作均致力于提升稳定性和建立基本动作模式。

第二节　自重训练动作

1　死虫

　　这是一个非常便利的脊柱抗伸展训练动作，训练者仰卧在地面，手臂伸直，屈膝90°，使大腿与手臂平行且均垂直于地面［图4.1（a）］。呼气增加腹压，同时将对侧手脚下降至接近地面［图4.1（b）］，移动过程中一侧膝关节逐渐伸直，尽量使小腿与地面保持平行。

第二部分 功能性训练的训练技术

第四章 自重及稳定球训练

(a)

死虫

(b)

图4.1 死虫

2 侧支撑

主要训练收益是增加躯干的抗侧屈及抗旋转稳定性。训练者前臂支撑地面，使肘关节位于肩关节下方（图4.2），执行动作时应保持髋关节处于伸展状态，除了躯干，下肢也应处于高张力状态，可通过改变训练者支撑方式调整难度，其中一个进阶方式是用手支撑代替前臂支撑，而下肢可用前后脚、并脚、抬起一条腿等方式逐步增加难度。

相关信息页码
侧支撑　　　　　P64
平板支撑触肩　　P65

图 4.2 侧支撑

3. 平板支撑触肩

主要训练收益是增加躯干抗旋转及抗伸展的稳定性,支撑位的训练也可提高肩部稳定性。采用手撑地面的平板支撑作为动作的开始姿势,呼气,慢慢抬起一只手,轻触对侧肩膀［图 4.3（a）］再落回原地,每次交换手执行。退阶方式是采用前臂支撑执行动作,抬起单侧手向前伸进行抗旋转训练［图 4.3（b）］。

平板支撑触肩（a）

（a）

图 4.3

第二部分 功能性训练的训练技术

第四章 自重及稳定球训练

平板支撑触肩（b）

（b）

图4.3 平板支撑触肩

4 俄罗斯转体

此动作可以训练躯干抗旋转的稳定性。坐姿，保持脊柱中立位，双脚保持接触地面，双臂伸直，双手并拢于胸前（图4.4）。呼气，慢慢向一侧旋转，旋转幅度为40°～45°（康的胸椎旋转幅度），动作末端可停顿并维持姿势进行一次深呼吸。如果训练者胸椎轻微受限，可以略微减小旋转幅度，在腰椎不产生旋转的基础上找到胸椎最大活动范围。这样的训练可以帮助训练者改善胸椎受限问题。

俄罗斯转体

图4.4 俄罗斯转体

相关信息页码

俄罗斯转体	P66
俯卧撑	P67
早安式	P67
深蹲	P67

5 俯卧撑

经典自重训练动作，可以训练肩复合体及躯干稳定性，练习上肢推的动作模式，俯卧于地面，双手略宽于肩，撑在胸部两侧，保持脊柱和肩胛骨的稳定，一次性推起全身，动作执行时可想象身体从头到脚就像一根结实的木棍（不会变形或弯曲），只有上肢可以进行推的动作（图4.5）。

图4.5 俯卧撑

俯卧撑

6 早安式

此动作可以很好地训练到腰椎骨盆稳定性，同时增加髋屈的活动度。双脚与髋同宽站立，就像鞠躬动作，大幅屈髋俯身，过程中可以微屈膝使臀部后移，以保持身体前后的平衡。为了帮助初学者建立标准的动作模式，训练时可以背一根木棍或者塑料水管（图4.6）。运动中让训练者感受后脑、胸椎和骶骨时刻贴住木棍，腰椎有适度的前弯，这样的教学方式，比教练只是说"核心收紧，脊柱中立"更为具象。

7 深蹲

如果说训练者最喜欢的上肢自重训练是俯卧撑，那么下肢最受欢迎的自重训练动

第二部分 功能性训练的训练技术

第四章 自重及稳定球训练

作应该就是深蹲了。深蹲可以训练髋、膝、腰椎及骨盆的稳定性，并在此前提下建立下肢推的动作模式。动作开始时双脚与肩同宽，脚尖略微向外打开，同时屈髋、屈膝，使身体垂直下蹲，过程中保持膝关节时刻对准脚尖，同时应保持脊柱的中立位。

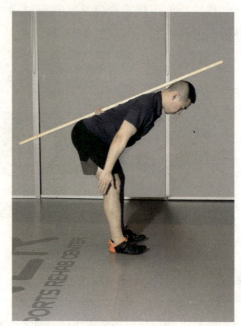

图4.6　早安式

早安式

练习初期可以像早安式一样让训练者背着木棍找到并习惯"脊柱中立"。躯干和小腿尽量保持平行，而这个平行的标准不应该是被"强行"执行的，每个人躯干、股骨及胫骨长度比例、身体各区域重量比例均有差异，因此下蹲的标准也应该是因人而异的，包括20世纪流行的"膝关节不能超过脚尖"的说法也早已被打破和摒弃。作为教练，只要观察到训练者髋关节和膝关节几乎同时弯曲进行下蹲，过程中膝关节始终对准脚尖（第2,3脚趾中间），保持脊柱良

相关信息页码

分腿蹲（训练）　　P69

好的姿态并且没有刻意做很大的俯身角度，能做到这些就是一个比较有质量的深蹲了（图 4.7）。

深蹲

图 4.7 深蹲

8 分腿蹲（训练）

分腿蹲是很多教练钟爱的动作，与深蹲相比，对于髋、膝及骨盆的稳定性要求更高一些。通常这个动作会从地面开始进行准备姿势的教学［图 4.8（a）］，髋、膝、踝均在 90°的位置，但是在起身前，让训练者身体整体向前倾斜 5°～10°［图 4.8（b）］，之后双腿同时发力完成站立动作。

第四章 自重及稳定球训练

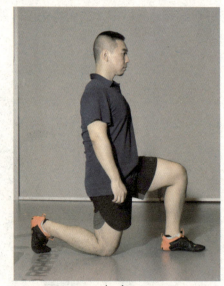

(a)

(b)

图4.8 分腿蹲

分腿蹲

相关信息页码
单腿上台阶　　P71

9　单腿上台阶

单脚在台阶或跳箱上，身体前倾5°～10°，由于该训练主要强调台阶上的腿进行单腿发力，因此要保持后腿的髋膝充分伸展，可以避免后腿借力，无论向上还是向下的过程中，台阶上腿的膝关节时刻要对准脚尖，向下的过程应是有控制地慢速落地。该训练也可以从侧身对着台阶开始，依然是单腿在台阶上，进行侧身上台阶训练，侧身上台阶对髋膝稳定性要求会更高（图4.9）。

图4.9　单腿上台阶

单腿上台阶

第四章 自重及稳定球训练

第三节 稳定球训练动作

1　球上俯卧撑

这个动作与地面俯卧撑的区别在于双脚要在球上，这就对髋关节及躯干的稳定性有更高的要求，如果稳定球较难控制，也可以考虑更换成平衡半球。但是不太建议采用把手放在球上练习的方式，因为球的体积和形状导致了训练者无法以良好的"推"动作模式去执行动作（图4.10）。

图4.10　球上俯卧撑

2　背伸训练

脊柱抗屈曲训练，双脚落地，腹部位于球上，使身体呈一条直线，双手可置于耳侧［图4.11（a）］，也可于头顶伸直双臂（这样的方式阻力更大），可维持此姿势进行静态训练，也可伸展脊柱使上半身抬高［图4.11（b）］。

相关信息页码

球上俯卧撑	P72
背伸训练	P72
肘桥滚动	P73

(a)

(b)

图 4.11　背伸训练

背伸训练

| 3 | 肘桥滚动 |

脊柱抗伸展及肩胛稳定性训练。前臂在稳定球上呈支撑姿势，随后保持躯干稳定，双臂前推将球滚出［图 4.12（a）］。注意尽可能慢速往前滚动，时刻保持躯干稳定［图 4.12（b）］，髋关节时刻保持伸展（髋屈姿势训练收益将大幅下降）。

第二部分 功能性训练的训练技术
第四章 自重及稳定球训练

第四章 自重及稳定球训练

(a)

肘桥滚动

(b)

图4.12 肘桥滚动

4 球上臀桥

脊柱抗屈曲训练。仰卧于地面，双脚脚跟位于稳定球上[图4.13（a）]，抬高髋部使身体呈一条直线，双手可轻压地面协助稳定[图4.13（b）]。臀部抬高和降低过程中应避免产生脊柱和骨盆之间的相对运动，时刻想象腰椎和骨盆是一个不可"形变"的整体。

相关信息页码

球上臀桥	P74
腘绳肌	P75

(a)

(b)

图4.13 球上臀桥

| 5 | 腘绳肌 |

双脚脚跟位于稳定球上,身体呈一条直线,尤其注意保持髋部伸展[图4.14(a)]。随后屈膝将球慢速拉近身体[图4.14(b)],伸膝将球滚回到初始位置,过程中只有膝关节产生屈伸,而髋关节应时刻保持伸展的状态。

第四章 自重及稳定球训练

(a)

(b)

图4.14 腘绳肌

腘绳肌

6 长矛式

这个训练动作可以同时训练到肩、髋、躯干等多个部位的稳定性。俯身，双手比肩略宽，双脚依次放到球上，完成平板撑姿势[图4.15（a）]。保持膝关节自然伸直，屈髋使臀部抬高，将球尽可能滚向头的方向[图4.15（b）]，之后缓慢髋伸回到身体呈一条直线的状态。

相关信息页码

长矛式	P76
总结	P77

(a)

(b)

图4.15　长矛式

长矛式

7	总结

　　自重及稳定球训练作为方便又有效的灵活及稳定性训练，可以让各种水平的训练者得到收益。安排计划时，只需根据训练者的运动水平合理设置进阶与退阶便可实现。需要注意的是，既然训练的目的是提高稳定性，那么训练中应时刻保持低速度且有控制地执行动作，快速执行会让身体在即将失去稳定时"蒙混过关"，这样也就失去了锻炼的意义。

第二部分 功能性训练的训练技术

第五章 能量包训练

知识目标

1. 了解能量包及各类沙包的区别与训练的优势
2. 为达到身体提高的不同需求进行训练动作的选择

能力目标

1. 掌握能量包训练动作的执行标准
2. 通过对训练动作的练习，强化自身关节稳定能力，并能高质量完成动作演示，以便于为训练者进行演示及教学

素养目标

通过有计划的规律训练强化自身体质及运动表现，成为训练有素、教学能力强的优秀教练

相关信息页码

能量包的类型　P79

第一节　能量包分类训练的优势

1　能量包的类型

市面上常见的训练沙袋常见的有三类，分别是能量包[图5.1（a）]、牛角包[图5.1（b）]及不稳定沙包[图5.1（c）]。而不稳定沙包也有一些特殊形态，比如里面是水不是沙子，这样设备内的重量会变得非常不稳定，可以大大增加训练者稳定性挑战。

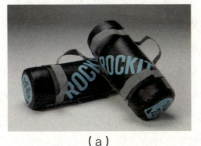

（a）

（b）

（c）

图5.1　能量包的类型

2　能量包训练的优势

本质上来说，能量包也只是一个"负重物"，那它和哑铃、杠铃有什么区别呢？首先，它材质相对软，在训练技术不成熟时，大大减少了杠铃碰撞身体造成的不必要损伤，尤其是在爆发力训练中体现十分明显。其次，能量包的握把较多，模拟一些"非规则重量的"的控制（杠铃与哑铃，都是严格对称，且哑铃的重心在手里，杠铃的重心在双手之间）。无论是在生活中还是在竞技场上，大多的阻力都是"非规则"的。最后则是体积方面，能量包相比于杠铃来讲长度较短，更适合做旋转类动作的训练。想象一下，如果训练者用杠铃杆做旋转训练时，需要的场地空间会特别大，潜在的不安全因素也会较多。从把手构造来说，能量包会产生额外的惯性，这一点和后面的壶铃是类似的。简而言之，就是训练者动作停止后，能量包会因惯性继续运动，这时对训练者的稳定性和对抗外力的训练收效更高。而基于以上的特性，能量包其实很适合团体训练。因为其相比于传统负重训练具有更安全，且场地的需求更小的优点。

总结一下，能量包的优势体现为：
（1）安全，受伤风险低。
（2）更真实的阻力形式。
（3）适合旋转类动作。
（4）特殊的身体稳定性收益。
（5）更适合团体训练。

相关信息页码

能量包训练的优势	P80
跪姿硬拉	P81

第二节　能量包训练的动作

1　跪姿硬拉

硬拉是一个非常具有功能性的动作模式。现在很多人都是处于久坐的工作状态，所以在执行俯身动作时极容易出现髋关节活动不足，腰椎段大幅度屈曲。因此硬拉动作模式的训练地位就尤为突出，有效训练腰椎及骨盆稳定，建立髋屈伸基本动作模式。双腿与髋同宽的跪姿，双手钩握拉带，保持脊柱中立[图 5.2（a）]。呼气，髋部伸展并向前移动，使髋关节位于膝关节上方，躯干垂直地面[图 5.2（b）]。吸气，屈髋并后移髋部、俯身，将能量包放回地面。执行动作时要避免弓背、圆肩等不良脊柱姿势，如果因身材比例导致身体直立后能量包无法离地，可考虑肘部微屈或垫高膝部。

（a）

图5.2

跪姿硬拉

第二部分 功能性训练的训练技术
第五章 能量包训练

(b)

图5.2 跪姿硬拉

2　站姿硬拉

有了前面跪姿硬拉的铺垫，训练者应该可以很好地调用髋关节屈伸的动作了。这时进行站姿硬拉教学就会相对简单，动作要领和跪姿硬拉完全一致。用能量包训练站姿硬拉，应更像罗马尼亚硬拉的技术，大幅屈髋，小幅屈膝，小腿始终垂直地面（图5.3）。

站姿硬拉

相关信息页码

站姿硬拉	P82
沙包前蹲	P83

图5.3　站姿硬拉

3　沙包前蹲

　　发展躯干稳定性并练习深蹲动作模式。双脚与肩同宽，能量包位于前架位，保持肘抬高，手腕中立［图5.4（a）］。吸气，屈髋、屈膝、下蹲，并保持脊柱中立位，下蹲至髋略低于膝或骨盆即将后倾，这样的身体姿态可视为动作最底端［图5.4（b）］。呼气，伸膝、髋伸还原到站立姿势。训练的常见问题有：弓背、圆肩、膝内扣（即膝外翻）、脊柱过伸等不良脊柱姿势及下蹲幅度过大而导致骨盆后倾。

　　在这里也来说说前蹲和背蹲的区别。除启动肌肉的比例有差异外，还可以从核心区域的刺激和身体姿势这两个角度对比前蹲和背蹲动作。相比于背蹲，前蹲在核心区域的肌肉募集前后更均衡，而背蹲更倾向于背侧肌肉。姿势差异，主要是负重位置的区别对重心的影响，所以前蹲会让躯干更"直立"。并不是说前蹲就一定优于背蹲，只是从教学上来说，初学者先练习能量包的前蹲动作，对于下蹲模式的学习会更容易上手。

第五章 能量包训练

沙包前蹲

图5.4 沙包前蹲

4　单侧负重深蹲

可有效发展躯干（尤其是抗旋转抗侧屈）及髋关节稳定。起始动作的姿势以及动作执行同前蹲动作一样，只是能量包的负重位置有区别（图5.5）。这种双侧不对称的阻力可以有效刺激躯干抗侧屈和抗旋转稳定性。

常见错误除了前蹲中容易出现的问题，还容易出现脊柱侧屈，或重心偏移、骨盆旋转等。

相关信息页码

单侧负重深蹲	P84
实力推	P85

（a）

（b）

图5.5　单侧负重深蹲

单侧负重深蹲

5	实力推

　　除上肢力量外，实力推可以更有效地训练到肩复合体的稳定性及躯干的稳定性，尤其是躯干的抗伸展稳定性。站姿使能量包位于前架位（图5.6）。呼气，维持躯干稳定，上肢孤立发力完成推举，尽可能垂直推举至头顶正上方（图5.6）。吸气，匀速有控制地将沙包还原至前架位。

　　常见错误是脊柱过分伸展，动作过快或有下肢助力动作。

第二部分 功能性训练的训练技术

第五章 能量包训练

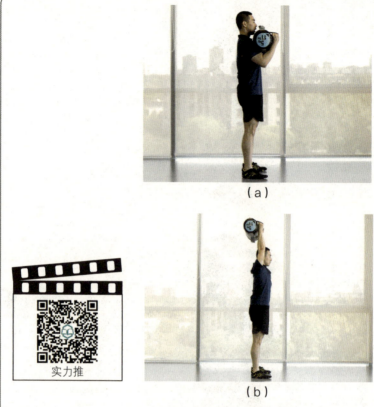

图5.6 实力推

| 6 | 单侧负重实力推 |

可以训练到肩复合体稳定性的动作,但对于躯干抗侧屈和抗旋转更为突出。站姿,双手托握能量包置于单侧肩上[图5.7(a)]。呼气,向上推举能量包至头顶正上方,且手臂伸直[图5.7(b)]。吸气调整再吐气增加腹内压,将能量包落在对侧肩上[图5.7(c)]。过程中保持躯干稳定,头保持不动。

常见问题包括:前执行过快或下肢助力,或在推举过程中头

相关信息页码
单侧负重实力推　　P86
平板式横拉/推　　P87

"躲"能量包（正确的方式是能量包绕头），或躯干摇晃。

图5.7 单侧负重实力推

| 7 | 平板式横拉/推 |

有效训练躯干稳定，尤其是抗旋转稳定性。双手与肩同宽，双脚略宽于肩，完成手掌支撑的平板撑，将沙包横置于胸部下方 [图5.8（a）]。呼气，维持腹压，左手拉能量包向左侧拖拽 [图5.8（b）]。换手支撑并调整呼吸，进行对侧训练，这里介

第五章 能量包训练

第五章 能量包训练

绍的是向外侧拉的动作，该动作也可以用横推的方式进行。常见错误是脊柱不良姿势，横拉能量包时骨盆偏转或肩胛骨无法稳定。

如果训练者无法保持躯干稳定，可以考虑增加双脚宽度，或小幅度缩窄双手宽度进行。需要注意的是，双手距离过窄，会造成更多的肩胛骨前引，因此更推荐增加双脚宽度。

（a）

平板式横拉/推

（b）

图5.8　平板式横拉/推

相关信息页码
熊爬拖拽　　　P88

8　熊爬拖拽

增加躯干稳定，尤其突出抗旋转稳定性，同时也可以提高协调性。起始姿势为四足支撑,能量包竖直置于躯干下方[图5.9(a)]。动作执行是小步熊爬向前三步[图5.9(b)],手向前拖拽能量包[图5.9(c)]。建议用三步而不是四步,因为三步一次拖拽,训练者需要每次换手进行拖拽,这种"不规律"的方式需要训练者专注度更高。

常见问题包括:前推能量包时骨盆旋转或脊柱伸展,或重心偏向一侧。当然也要避免脊柱不良姿势,有些训练者也会无法保持好手脚之间的距离,或无法协调移动。该动作也可以后退爬行,之后进行拉回。

(a)

熊爬拖拽

(b)

(c)

图5.9　熊爬拖拽

第五章 能量包训练

9 单侧负重弓步走

提高躯干及髋关节稳定。能量包置于单侧肩上，双脚与髋同宽站立[图5.10（a）]。单腿大跨步向前（约一条腿长度），吸气下蹲[图5.10（b）]，呼气起身并步，吸气交换另一腿向前跨步。过程中保持后大腿与躯干呈一直线，前方小腿与躯干平行，身体整体呈现5°～10°前倾，这样的方式会把更多的阻力负担到前腿上。但也需要注意前倾角度不宜过大，下蹲后膝关节刚好位于脚面的正上方即可，下一组训练时交换为另一侧负重。

常见问题包括：双脚左右间距不适宜，过宽会减少稳定性收益，而过窄甚至双脚前后呈一直线则太不稳定。同样，步距过短会增加膝关节压力，而步距过大也会因后腿前侧柔韧性不足而导致骨盆前倾。另一个常见问题是动作模式，理想的动作模式是髋与肩应该是同步运动的，如果肩的向上速度小于髋，意味着训练者会呈现"俯身"状态。

相关信息页码
单侧负重弓步走　　P90
垂直速拉　　　　　P91

单侧负重弓步走

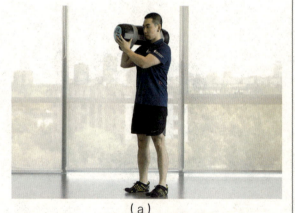
（a）

（b）
图5.10　单侧负重弓步走

10　垂直速拉

垂直速拉是在增加下肢爆发力以及躯干稳定性状态下完成的下肢向上肢的力传导。起始姿势同能量包硬拉准备姿势［图5.11（a）］。呼气，快速伸膝髋伸，顺势耸肩屈肘继续提拉能量包，双肘想象向侧后上方进行"肘击"［图5.11（b）］，这样做的目的可以让能量包靠近训练者，从而更好地挺胸并完成上拉。吸气，有控制（减速）地使能量包轻轻还原，放至地面。

常见问题包括：上下肢发力脱节，弓背、圆肩等脊柱不良姿势，或动作依靠上肢发力比例过高。需要注意的是，能量包的速拉及后面的高翻动作都是以髋关节为主导的。大多数训练者都可以很好地调用膝关节伸展力量，却不能发挥出髋伸的爆发力，因此能量包的爆发力动作其实更强调髋伸，但这并不是意味着我们允许利用髋伸把能量包"顶"出一个向前的弧线，侧面观察能量包运动轨迹应该是：从地面垂直向上。

第五章 能量包训练

垂直速拉（a）

垂直速拉（b）

（a）

（b）

图5.11　垂直速拉

11　　高翻

发展髋伸为主的下肢爆发力。起始姿势如同罗马尼亚硬拉[图5.12（a）]。呼气，下肢3关节快速伸展，随即耸肩、屈肘、进一步提拉，这一过程和前面的速拉是一样的。当能量包接近胸部高度时[图5.12（b）]，肘快速向前绕过能量包，接于前架位

相关信息页码
高翻　　　　　　P92

[图5.12（c）]。放下阶段需要注意的是避免让能量包离开身体，因为这样摆动的能量包很容易砸到膝关节，相当于在膝关节伸直的情况下施加一个从前到后的力，非常容易造成膝关节超伸，给身体带来损伤。正确的做法是采用肘向后的方式，让能量包沿身体滚落，还原至地面起始位置。

常见错误除脊柱姿势的问题外，还容易出现过多采用上肢发力；或从侧面观察，能量包远离身体画出"弧线"。

(a)

高翻（a）

(b)

图5.12

高翻（b）

第二部分 功能性训练的训练技术

第五章 能量包训练

(c)

图 5.12 高翻

12　快速上肩

训练髋伸发力，提升髋伸发力传导至上肢的能力，提高全身抗旋转稳定性。起始位置时能量包位于双脚间，下肢呈硬拉准备姿势，右手在前、左手在后（哪只手在前，能量包将落于哪一侧肩膀上），双手掌心相对勾握能量包 [图 5.13（a）]。呼气，伸膝、髋，同时右手向上做高拉动作，利用惯性，将能量包中段置于右肩上，微屈膝、髋缓冲，此时左手托能量包，右手从外侧固定能量包 [图 5.13（b）]。

常见问题包括：手握方式和上肩方向不匹配，或上拉的过程中出现类似于速拉中提到的不良技术。由于能量包快速到单侧肩上，此时身体就好像被人推了一下单侧的肩膀，因此需要增加躯干的抗旋转稳定性，以避免出现大幅度旋转。

相关信息页码

| 快速上肩 | P94 |
| 能量包助力推 | P95 |

快速上肩（a）

快速上肩（b）

图5.13　快速上肩

13　能量包助力推

训练躯干及肩复合体稳定，上下肢协同发力。起始姿势将能量包位于前架位［高翻结束位置，图5.14（a）］。吸气，小幅度屈髋、屈膝、预蹲［图5.14（b）］，随后立即呼气，同时快速使髋膝伸展，借助下肢发力的惯性，手臂完成上推动作，将能量

第五章　能量包训练

第五章 能量包训练

包推至头顶正上方[图5.14（c）]。吸气，让能量包快速落回前架位，能量包碰触身体后顺势屈髋屈膝缓冲，立即再次进行上推，之后连续执行。

常见问题包括：过头承重位置出现腰椎伸展、能量包没有垂直上推（可于侧面观察能量包轨迹）、动作发力分节（上下肢分节）、或动作基本由上肢发力完成。

（a）

能量包助力推

（b）

相关信息页码	
火箭推	P97
双腿连续跳跃	P97

(c)

图 5.14　能量包助力推

14　火箭推

　　提高上下肢肌力及协同快速发力的能力，提高接受外力时的缓冲及稳定能力。起始姿势是将能量包放于头顶正上方［图 5.15（a）］。吸气并使能量包下落，当能量包落于前架位时顺势快速下蹲［图 5.15（b）］，下蹲至髋关节略低于膝或骨盆即将后倾的位置（同前蹲技术），立即呼气进行向上的动作，借助惯性上推能量包至头顶位置。同助力推一样，这个动作也是推荐连续执行的。

　　常见的问题包括：上下肢发力分节，或由于快速完成动作容易导致与深蹲相似的常见错误。

15　双腿连续跳跃

　　双腿连续跳跃属于增强式跳跃技术，重点在于跳跃时下肢技术的训练。起始姿势将能量包置于斜方肌上，屈髋屈膝［运动员预备姿，图 5.16（a）］。呼气，并快速下肢三关节跳跃［图 5.16（b）］，吸气并落地缓冲，随后立即呼气，再次跳跃。每次跳跃尽

第五章 能量包训练

量原地执行，避免位移（可在利用标记或其他参照物）。

常见问题包括：跳跃时重心偏移或双腿发力不均，导致无法原地下落。此外，由于该动作一般不会刻意强调跳跃高度，训练者容易出现髋伸不充分，更多利用膝踝伸展的不良跳跃技术。

（a）

火箭推

（b）

图5.15　火箭推

相关信息页码

分腿连续跳跃　P99

（a）

（b）

图5.16 双腿连续跳跃

双腿连续跳跃

| 16 | 分腿连续跳跃 |

训练下肢稳定性及落地技术。起始姿势呈前后分腿站姿，将能量包置于斜方肌上[图5.17（a）]。呼气，双腿同时伸膝髋伸完成跳跃[图5.17（b）]，屈膝屈髋缓冲并吸气，随后立即呼气再次跳跃。

常见问题包括：没有充分伸膝、髋伸跳跃，双脚落地不同时，身体过多前倾。该动作可每次跳跃换腿，也可以连续不换腿，执行一组后，下一组交换腿的前后位置。

（a）

分腿连续跳跃

（b）

图5.17　分腿连续跳跃

17 总结

能量包由于其形状和材质的特性，可进行很多类型的训练，尤为突出的就是稳定性和速度力量训练，即使进行代谢类、爆发力或增强式的训练，能量包软质的特性也可以更好用来保证训练者的安全。

第六章 壶铃训练

知识目标

1. 了解壶铃发展及壶铃的独特训练优势
2. 学会壶铃的经典训练动作及壶铃独特的辅助训练动作

能力目标

1. 掌握壶铃训练动作的执行标准
2. 通过对壶铃训练动作的练习，强化自身运动技巧，关节稳定及爆发力，并能高质量完成动作演示，以便于为训练者进行演示及教学

素养目标

通过有计划的规律训练，强化自身体质及运动表现，成为训练有素、教学能力强的优秀教练。

相关信息页码

| 壶铃运动的起源 | P103 |
| 壶铃训练的优势 | P103 |

第一节　壶铃训练的由来和优势

1　壶铃运动的起源

　　壶铃运动起源于俄罗斯的集市，壶铃是计重的工具，作用类似于秤砣或天平的砝码，有一种单位叫"普特"，重量约为 16 公斤或 35 磅。和众所周知的杠铃及哑铃相比，壶铃显然更久远。在中国古代，习武之人亦有石锁运动。可能是由于形状、技术门槛等诸多因素，中国的石锁运动并没有发展到全世界。目前就算是在中国，石锁训练也是比较小众的。其实观察石锁和壶铃的很多训练动作，动作模式如出一辙。由于壶铃保存方便及技术简单，因而更易于推广到健身领域并被大众所熟知。

2　壶铃训练的优势

　　总的来说，壶铃训练的优势有：
　　（1）技术简单、有效。
　　（2）低受伤风险。
　　（3）适合于个人或团体训练。
　　（4）广泛的参与人群。
　　（5）设备经济耐用。
　　这里提到的技术简单，是有相对性的。壶铃大多数训练动作都是下肢驱动的爆发力训练，与之类似的内容便是杠铃的举重训练了。壶铃训练对全身整体的关节活动度的要求比杠铃举重低很多，技术难度也低很多。
　　和任何抗阻力训练一样，只要按照正确的技术执行训练动作，壶铃训练的受伤风险很低，而且长时间用正确的技术进行壶铃训练，可以有效预防下背部疼痛问题。
　　从壶铃的体积和技术形式来说，壶铃训练需要的场地空间有限，面积为 4 平方米

第六章 壶铃训练

（长宽分别为 2 米）的正方形空间可以完成几乎所有常规的壶铃训练动作。如果只是单纯执行一些原地的摆举或抓举，甚至只需要一个人的站立运动空间便足够了。

从以往的研究数据来看，小至青少年、大至老年人，均在壶铃训练中得到不同程度的收益。当然在设备选择及技术动作选择上会有差异。最后从性价比来说，壶铃价格便宜、储存方便、经久耐用，无论是商用还是家用，均是不错的选择。

第二节 壶铃训练与其他训练的差异

目前市面上的壶铃主要是两大类，分别是传统壶铃和竞技壶铃。传统壶铃一般是铸铁的，当然也有生产商在外面进行了包胶[图 6.1（a）]，这样对场地的要求就降低了（避免磕碰），其体积尺寸会因重量差异有显著区别。而竞技壶铃，无论重量大小其体积均相同，用颜色区分重量。竞技壶铃多用于比赛，一般重量以每 4 公斤为一个级别进行递增[图 6.1（b）]。

（a）传统壶铃

（b）竞技壶铃

图6.1　壶铃

壶铃与其他自由重量设备的最大差异就源自它独特的外形。哑铃的重心刚好在握杆区域的正中位置，训练时会被我们抓在手中；而壶铃的重心在壶体，在手掌之外。这样的设计，除了让阻力臂可以更长，还可以让壶铃绕着手进行"转动"，而这种转动，会产生离心现象，并可以有效增加训练者的握力，进而强化上肢力量。而壶铃经典动作摆举——Swing（图6.2），难以用其他设备代替也是因为壶铃的特殊形状。另外，由于壶铃的重心在手掌之外，这就会导致即使训练者的身体运动停止了，壶铃依然会顺着原来的运动趋势继续行进，这就要求训练者利用身体的稳定性来对抗壶铃的惯性，因此壶铃也是一个优秀的锻炼关节稳定性的设备。

图6.2　壶铃摆举（Swing）

第三节　壶铃的训练安全和基本使用方法

1　安全事项

进行壶铃训练技术学习之前，先了解一下壶铃的基本使用原则和安全事项。由于高翻和抓举这类训练中有翻铃动作，壶铃会在前臂外侧接触前臂，另外很多动作躯干的运动角度会比较大并且速度较快，因此训练前需要解除项链、手表等一切有安全隐患的配饰。

关于服饰方面，过于宽松的衣服可能会与壶铃接触，影响其活动速度或轨迹，因此也不建议。关于鞋子，很多高水平壶铃训练者会倾向于穿举重鞋，这里应该以严谨的态度去看待这个问题。如果训练目的是壶铃竞技比赛，比赛中穿举重鞋有助于成绩提高，为了适应比赛环境，平时训练可以穿举重鞋。但如果壶铃训练仅是综合的功能性训练或体能训练的一部分，穿综合训练鞋更适合。赤足训练也是个不错的选择，有助于足底的反馈和建立更稳定的足弓。关于鞋子的选择，只要尽量避免过软的鞋底（比如慢跑鞋）即可。

2　热身

进行壶铃训练前的热身大体流程和前面的章节一致。需要注意的是壶铃训练很依赖髋关节尤其是髋伸的发力，因此股后肌群的柔韧性热身是我们需要更多关注的部分。当然髋关节的任何运动角度的热身都是需要考虑的内容。此外壶铃有很多"过头位置"，训练者需要单手将壶铃在头上位置进行承重，因此无论对于躯干各角度稳定性还是肩复合体的稳定性要求都较高。肩关节热身也是壶铃训

相关信息页码

安全事项	P106
热身	P106
基本使用	P107

练前重要的一环。最后就是手腕的热身,原因依旧是为过头承重姿势准备。

3　基本使用

壶铃训练有一些基本术语需要训练前先了解。壶铃常见的握法有以下 4 种(图 6.3),为了让壶铃可以在手掌中"转动",很少会采用类似于哑铃和杠铃的闭合握法,大多都会采用钩握,或只是把壶铃"挂"在手上(穿入式)。

钩握　　　　　高脚杯A　　　　　高脚杯B　　　　　穿入式

图6.3　壶铃常见握法

壶铃训练时有三个基本姿势(图 6.4),这三个动作姿势均有不同的要领。
(1)体前悬挂位置很像硬拉的顶端位置,要领如下:
- 脊柱中立位
- 髋关节充分伸展
- 膝关节微屈

(2)前架位可以是很多过头动作前的转换姿势,要领如下:
- 手腕中立
- 壶柄从虎口斜跨至掌根
- 拇指靠近锁骨
- 肘靠近肋骨
- 壶铃倚靠在大臂上

(3)过头承重位是抓举,实力推举的结束位置,要领如下:

第二部分 功能性训练的训练技术

第六章 壶铃训练

- 手腕中立
- 壶柄从虎口斜跨至掌根
- 肘关节自然伸直
- 大臂靠近耳朵
- 壶铃在身体外侧后方的方位（肩关节旋外）

体前悬挂　　前架位　　过头承重位

图6.4　壶铃基本姿势

第四节　壶铃训练技术

● 壶铃经典技术

1　摆举（Swing）

这是一个整合后侧链的训练，提高髋伸爆发力以及躯干稳定性。在康复和改善慢性腰痛的案例中，经常以功能性训练的形式出现在训练计划中。起始姿势为站在距离壶铃一步远的位置，屈髋、屈膝、钩握壶铃。吸气，利用重心后移，将壶铃摆向靠近身体[图6.5（a）]，当壶铃靠近身体时，呼气，髋伸使壶铃向前[图6.5（b）]，并连续进行。全过程尽量避免手臂发力上抬壶铃，

相关信息页码

摆举（Swing）　P108

可以想象手臂只是一条连接肩膀与壶铃的绳子。

常见问题包括：用上肢发力产生的上提动作（类似前平举）、过早屈髋导致腰椎剪切力增加且爆发力下降。由于壶铃摆举可以视为是快速连续的"硬拉"，因此保持脊柱中立的姿势也是至关重要的。

在双手训练熟练后，可改为单手摆举。从双手进阶到单手不仅仅是阻力变换，更关键的是当单手持壶铃时，不对称的阻力始终需要训练者控制躯干以对抗旋转，单手摆举的换手应在壶铃运动到最高点的滞空瞬间完成。

摆举（a）

摆举（b）

摆举（c）

摆举（d）

(a)

(b)

图6.5 摆举

第六章 壶铃训练

第二部分 功能性训练的训练技术
第六章 壶铃训练

2　高翻（Clean）

依然是整合后侧链的训练，增加以髋伸为主导的爆发力，而接铃技术则可以训练到对发力的控制以及对外力缓冲的能力。起始姿势如同单手摆举［图6.6（a）］，动作执行时先吸气，重心后移，将壶铃拉向身体。当手臂接近大腿位置时迅速呼气髋伸［图6.6（b）］，壶铃向上的同时，手臂控制壶铃靠近身体向上（避免离开躯干过远）。当壶铃高度接近胸部时［图6.6（c）］，"压肘穿手"接壶铃于前架位，保持髋伸并微屈膝缓冲，躯干整体小幅向后倾斜以平衡重心［图6.6（d）］。后倾斜角度根据壶铃重量调整，重量越大向后倾斜的角度就越多。

常见问题包括：下肢发力不足导致上肢发力过多；过程中侧面观察壶铃远离身体，这会导致接铃时有一个较大的横向的力，给身体一个向后推的力，容易发生危险或给脊柱较大剪切力；在接铃时，一个常见的错误是壶铃绕手转动导致壶铃砸到手臂，正确的方式应该是小臂绕壶铃转动。

相关信息页码
高翻（Clean）　P110
冲刺推举（Jerk）　P111

高翻（a）

（a）

高翻（b）

图6.6　高翻

3　冲刺推举（Jerk）

提高核心及肩复合体的稳定，增加下肢爆发力。站姿使壶铃位于前架位[图6.7（a）]，吸气，小幅屈髋、屈膝、预蹲[图6.7（b）]，然后立即呼气并使下

第六章 壶铃训练

肢三关节快速伸展,借助惯性将壶铃上推至头部附近[图6.7(c)]。利用壶铃在最高点的滞空瞬间,快速下蹲,同时将手臂伸直,短促呼气增加腹内压完成承重姿势[图6.7(d)]。接铃后待身体稳定,站直身体,调整呼吸。

常见错误包括:接铃时脊柱过分伸展;上下肢发力分节,向上动作三关节伸展不充分,而更多采用手臂上推。需要注意的是,该动作较适合完成大重量,如果是小重量,更宜采用助力推的方式(技巧同能量包助力推),助力推和冲刺推的主要差异在于动作过程:

助力推举:站立开始→预蹲→下肢向上发力→站直接铃

冲刺推举:站立开始→预蹲→下肢向上发力→半蹲接铃→站直

冲刺推举(a)

(a)

图6.7 冲刺推举

第六章 壶铃训练

4 抓举（Snatch）

提高下肢爆发力、肩复合体稳定性及躯干稳定性。起始姿势如同单手Swing［图6.8（a）］。吸气，重心后移，将壶铃拉向身体，手臂接近大腿位置时［图6.8（b）］，呼气，快速髋伸，壶铃向上的同时，手臂控制壶铃靠近身体并向上（避免离开躯干过远）。当壶铃超过头部高度时，利用壶铃滞空瞬间，以壶体为轴心，快速伸直手臂完成穿手动作接住壶铃。

常见错误包括：下肢发力不足，导致上肢发力过多；过程中（侧面观察）壶铃远离身体；接铃时，壶铃绕手转动使壶铃砸到手臂；接铃时，没有保持肩关节旋外。

抓举（a）

抓举（b）

（a）

相关信息页码

抓举（Snatch） P114

土耳其起立（Turkish Get-Up） P115

图6.8 抓举

| 5 | 土耳其起立（Turkish Get-Up） |

训练到躯干、肩、髋关节稳定性，是一个从地面到站立的全过程。仰卧于地面，右手持壶铃，右臂垂直地面，右腿屈髋、屈膝，左臂伸直，掌心向下，左肩外展45°［图6.9（a）］。如果按照以上的位置设置起始姿势，在执行动作过程中，基本

第二部分 功能性训练的训练技术

第六章 壶铃训练

不用调整支撑地面的左手的位置。

动作执行阶段一：呼气，利用躯干旋转力量上推壶铃并起身，用左手掌、前臂及肘关节接触地面，调整呼吸[图6.9(b)]。

动作执行阶段二：呼气，伸直左肘，手掌支撑地面，身体呈坐起姿势，调整呼吸[图6.9(c)]。

动作执行阶段三：呼气，双侧髋伸使臀抬高，保持左膝伸直，此时呈左手、双脚的三点支撑姿势，调整呼吸[图6.9(d)]。

动作执行阶段四：呼气，保持右髋抬高，收回左腿，此时右脚、左膝、左手三点支撑，膝到手脚距离一致，并呈"等腰三角形"[图6.9(e)]。

阶段五：呼气，手推离地面，下肢同时发力，使躯干直立，调整右腿位置，使下肢呈弓步跪势（双腿与髋同宽，面朝方向一致），调整呼吸。呼气，弓步向上，后腿向前并步，完成过头支撑姿势[图6.9(f)]。

这里把每一个阶段单独分出来介绍，是因为每一个阶段的动作均可视为一个"独立训练"。教练可根据训练者稳定性训练的需求选择这些"独立训练"，也可进行整体的全程训练。进行完整的土耳其起立训练时，需要引导训练者慢速执行，并在每一个动作"节点"稍作停顿，避免训练者在身体不稳定时，快速转换到下一个姿势来"隐藏"这个不稳定。

耳其起立（a）

耳其起立（b）

图6.9 土耳其起立

第六章 壶铃训练

● 壶铃辅助训练

1　壶铃罗马尼亚硬拉

动作模式与经典的杠铃罗马尼亚硬拉一致，增加股后肌群及臀肌力量，提高腰椎骨盆稳定。壶铃有一个独特的优势，就是壶铃的形状决定了训练者可以使重量放在腰部正下方，减少腰椎切力，而不像杠铃那样必须放在小腿前面。

双脚跨立于壶铃两侧，尽可能接近壶铃，屈髋为主配合屈膝，使身体向下，直至双手可钩握到壶铃，发力前保持脊柱中立，手臂伸直 [图6.10（a）]。呼气，髋伸带动伸膝，并保持手臂伸直，抬升壶铃至身体站直 [图6.10（b）]。这里上肢动作同杠铃硬拉基本没有区别，均可以将手臂想象成仅是两条绳子"挂住"壶铃，避免有屈肘的上提动作。吸气，还原，使壶铃接近地面或轻轻接触地面。

常见错误也和杠铃硬拉相似：训练者容易出现弓背、圆肩、骨盆后倾以及在动作底端抬头看前面等不良的脊柱姿势。另一个常见错误是上肢有多余发力，常见为屈肘或耸肩。还有一个问题就是屈膝过多（类似深蹲动作），严格来说这并不是一个"错误"，只是训练收益和目的可能不符，做罗马尼亚硬拉更多的是发展后侧肌力，而把动作做成深蹲会使发力更多由大腿前侧的股四头肌产生。

2　壶铃体前悬挂深蹲

动作类似传统硬拉，可以提高下肢肌力。动作模式接近深蹲或杠铃中的"传统硬拉"，很好地模拟了人们从地面抬起重物的动作模式。双脚与肩同宽，脚尖略微向外打开，呈深蹲底端姿势，双手钩握壶铃，保持手臂伸直，背部挺直[图6.11（a）]。呼气，伸膝髋伸完成站立[图6.11（b）]，吸气，慢速下蹲使壶铃轻轻回到地面，过程全程保持手臂伸直（避免屈肘上拉）。

（a）

（b）

壶铃罗马尼亚硬拉

图6.10　壶铃罗马尼亚硬拉

第六章　壶铃训练

第六章 壶铃训练

常见错误包括：弓背圆肩等不良脊柱姿势；使用了上肢产生拉的动作（如屈肘）；或者出现深蹲的常见技术错误，比如膝内扣，骨盆后倾等。

相关信息页码
壶铃风车　　P121

壶铃体前悬挂深蹲

（a）

（b）

图6.11　壶铃体前悬挂深蹲

3 壶铃风车

有效提高髋关节灵活度、肩关节灵活及稳定性、躯干稳定性。右手过头承重位持握壶铃，双脚比肩略宽，左脚脚尖向外侧旋转90°，右脚向内侧旋转45°[图6.12（a）]。吸气，髋部朝右后方屈曲（沿着右脚脚跟方向），左手沿右腿大腿内侧向下尝试触地，手触地或脊柱即将弯曲为最低幅度[图6.12（b）]。呼气，慢慢起身还原至初始位置。

常见错误是：髋关节活动度不足导致脊柱侧屈代偿，没有正确设置初始位置（尤其是脚的位置）。

（a）

图6.12

壶铃风车

第六章 壶铃训练

相关信息页码

总结　　　　P122

（b）

图6.12　壶铃风车

4　总结

壶铃的训练目的有很多，可以是提高壶铃举重比赛的成绩，也可以是增强身体的运动水平，以便产生更广泛的运动适应性。目的不同所采用的技术也不一样。本章壶铃技术的要点基本是出于强化自身的目的，而非比赛。众所周知，比赛应该用最省力的技术，这样才能在短时间完成更多次数。如果目的是为了强化自身，技术要领里突出的不应该是如何省力，而是如何建立更好的动作模式，用高效的方式训练及强化自身。

第七章 战绳训练

知识目标

1. 理解战绳可获得高效、多元训练收益的原因
2. 学会战绳的训练技术并可以根据运动需求选择适合的动作

能力目标

1. 掌握战绳训练动作的执行标准
2. 通过对战绳训练动作的练习,强化自身运动技巧,提高综合体能水平,并能高质量完成动作演示,以便于为训练者进行演示及教学

素养目标

通过有计划的规律训练强化自身体质及运动表现,成为训练有素、教学能力强的优秀教练

相关信息页码
设备特性　　　　P125
战绳训练的特点　P125

第一节　战绳使用指南

1　设备特性

目前市面上的战绳主要材料为聚酯纤维，也有的是麻绳。如果是在户外使用，麻绳可能更适合。由于材质相对统一，战绳设备的系数主要就是两个：长度及直径。

长度的常见规格一般是 10 米、12 米、15 米及 20 米。当然如果训练者水平高，也会有特殊长度的战绳可以定做。

直径的规格基本只有 3 个，分别是 25 毫米、38 毫米、50 毫米。这样的尺寸是因为战绳训练由西方兴起，计量单位是英寸。战绳的直径根据训练者水平或者手的大小分别设置成 1 英寸，1.5 英寸及 2 英寸（1 英寸约等于 25 毫米），越粗的握把意味着需要训练者有更强的握力。

2　战绳训练的特点

在执行一般的抗阻力训练时，重量往往可以反映运动的"强度"。战绳也有很明显的重量，同样材质的情况下，影响因素就是上面提到的长度和直径。其实战绳训练还有一个非常关键的强度因素——执行速度。

这里来对比一下战绳和哑铃的明显区别。在执行战绳的交替波浪时会有向上（肘屈）和向下（肘伸）动作（图 7.1）。战绳也是重力形式的阻力，如果只观察手臂动作，似乎和哑铃弯举无异，均是肘关节的屈伸动作。然而事实上这里有一个非常明显的区别，哑铃肱二头肌弯举向上过程是肘屈肌群的向心收缩，向下过程则是这些肌肉离心收缩制造的减速动作，是相同肌群的向心和离心收缩。战绳快速波浪的形成是需要向上向下动作均有较高的速度，向上动作和哑铃一样也是肘屈肌群的向心收缩，而向下动作却是肘伸肌群进行的向心收缩，是互为拮抗肌的两块肌肉反复的交替向心工作。

第七章 战绳训练

说到这里，大家可能会问，就算战绳和哑铃有这样的差距，但和前面提到的速度有什么关系呢？如果进行一个常规的抗阻力训练，比如肱二头肌弯举，执行动作速度越快实则是越省力的，尤其是加速下落在底端会有一个牵张反射，可以帮助更好地完成向上动作。战绳却是一个反复交替的加速动作，肘屈向上的速度越快，意味着肘伸也需要非常大的速度，这样在执行向下动作时才可以把高速向上的绳子"拉下来"。所以战绳的波浪速度越快，往往是强度是更大的。

图7.1 战绳

除了上面关于速度的特性，战绳训练还有其他特点：
（1）复杂的动作模式
（2）平面交互动作
（3）复杂的阻力方向
（4）心肺与抗阻力训练的结合
（5）可在无关节冲击的情况下训练爆发力及心肺功能

值得一提的就是，不同的战绳训练动作类型，主供能系统也会有不同的情况（图7.2）。

相关信息页码

推荐握法　　　　P127

三步快速设置起始姿势
　　　　　　　　P127

训练类型	驱动力	主能量系统	训练强度	波浪形式
爆发力波浪	下肢为主	磷酸原	非常高	单次大波浪
速度波浪	上肢为主	磷酸原+快糖	高	连续小波浪
耐力波浪	下肢为主	氧化供能	中等	连续中波浪

图7.2 战绳的主供能系统

第二节 战绳训练的通用原则

1 推荐握法

大多数人在做战绳训练时会采用常规握法，即握把平行于地面。FMPT的体系中并不推荐这种握法，原因是在绳子抬高的过程中，需要训练者在握拳的姿势上进行手腕的尺侧偏移，这是有潜在疼痛风险的，而且握力得不到有效的训练。更推荐使用特殊握法——把手竖直向上，这样的握法可以在训练中时刻保持手腕中立。

2 三步快速设置起始姿势

（1）拉直战绳：确保双侧长度相等，拉直战绳。
（2）向前一步：向前走一小步，使战绳刚好垂在双脚的两侧。
（3）运动员预备姿势：髋膝微屈，小幅度俯身，脊柱中立，眼睛看锚点（战绳的固定端）。

第二条中向前走一步的距离，这里需要详细再解释一下。如果向前走得较多，会更靠近战绳的固定点，那意味着每一个"波浪"需要更高，才能使波浪连续。因此

第七章 战绳训练

向前走一步是常规的起始位置，如果向前走得更多便会有更大的挑战。但如果向前这一步太小，就会使绳子过于"绷直"，这时绳子被甩动的过程中始终会有一个过大的力，将训练者向前拉，训练者则容易呈现身体重心后移，以对抗这个力，这会大大减少后侧链肌肉的训练收益。结论就是，向前这一步可大（更难）不可小（错误技术）。

3　战绳训练六宗罪（常见的6个错误）

（1）过分使用上臂或肩带不稳定。
（2）肩关节外展角度过大。
（3）不良的脊柱姿势。
（4）髋关节不稳定。
（5）重心后移。
（6）脚跟离地的"跖屈"动作。

错误（1）、（2）的原因是，过大的肩屈会造成肩关节更大的压力；而外展的肩加上绳子的位置会造成肩关节内旋，在内旋的角度上进行肩屈，同样会增加肩关节受伤的风险。

错误（3）、（4）的问题均来自关节稳定的控制。

错误（5）在前文设置起始姿势的部分已经提出，战绳甩动中有一个持续前拉的力，这个力本应该由训练者的后侧肌肉产生对抗，重心后移则失去了这个效应。

错误（6）并不是一个真正意义上的错误，也经常在爆发力训练中出现，这样的姿势容易造成训练者向前摔倒，因此对于初学者来说，这个动作可能有安全隐患。但如果是高水平训练者则可以很好地控制身体，避免这个隐患，也可以执行一些起跳离地的动作。

相关信息页码

战绳训练六宗罪
（常见的6个错误）P128
髋主导的耐力型波浪P129

第三节 战绳训练技术

1 髋主导的耐力型波浪

这是一个以髋伸为主导的耐力训练,锻炼的主要是身体后侧链肌群的功能及氧化系统为主的供能系统。用上文提到的"三步设置起始姿势"到运动员预备姿势,双脚与髋同宽,双臂靠近躯干两侧[图 7.3(a)]。呼气伸髋,顺势小幅屈肩、肘至手与肩同高的位置[图 7.3(b)]。吸气,屈髋向下并顺势伸肩至肘略微超过背部,随后连续有节奏地执行,动作过程中时刻保持脊柱中立位。

除上述 6 个常见错误外还容易出现反复抬头低头,或上肢发力过多,这样会使小臂预先疲劳,无法支撑长时间训练。这个训练可以作为体重相对大的训练者进行有氧耐力训练的方案。由于需要长时间抓握战绳,握力施展 30% 即可,可以设置成训练休息比为 3:1 的间歇训练,比如 45 秒 /15 秒的形式,休息时可以拉伸前臂放松。当然也可以设置成 2:1 比如 40 秒 /20 秒的形式。

(a)
图7.3

第二部分 功能性训练的训练技术
第七章 战绳训练

髋主导的耐力型波浪

（b）

图7.3　髋主导的耐力型波浪

2　速度型波浪

以上肢为主导速度型的训练，上肢爆发力和无氧代谢为主的训练。双脚与肩同宽，双手在躯干前方［图7.4（a）］。大臂带动小臂产生高速上下动作，过程中应保持下肢稳定且没有动作，仅保持姿势即可。动作执行中保持均匀有节奏的呼吸（类似跑步的呼吸方式）。

常见的问题是侧面观察双手像是"画圈"，正确的方式是双手几乎仅进行上下运动。这个速度型波浪可以产生非常多的"变式"，如高跪姿（髋关节在伸展状态）执行的方式［图7.4（b）］。体验一下这个训练便会发现，高跪姿执行时核心的刺激非常强烈，尤其是抗旋转稳定性。因此相对于站姿的速度型波浪，高跪姿其实是一种进阶，但如果采用低跪姿（臀部接近脚跟）则是一种退阶训练。另外除了图片展示的高跪姿"变式"，训练者也可以搭配静态蹲、蹲起、弓步、侧弓步、前—后移动、横向移动等多种方式。

相关信息页码

速度型波浪　　　P130

速度型波浪（a）

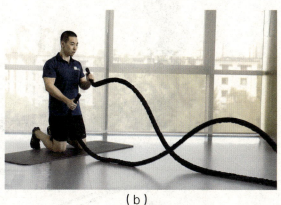

速度型波浪（b）

（b）

图7.4　速度型波浪

3　爆发力大波浪

　　下肢为主导的爆发力训练，也可以提高身体对抗来自后方的力的能力。三步设置运动员预备姿势，脚与髋同宽，双肘靠近躯干两侧，可以想象为起跳前的准备动作[图7.5（a）]。呼气，快速有力地伸膝伸髋带动手臂向上，双手略超过头的高度[图7.5（b）]。如果肩部有不适感可以减低抬起高度，动作过程中还是要更多关注下肢三

第七章 战绳训练

关节的伸展，随后快速屈膝屈髋回到起始姿势。调整呼吸，重置起始姿势，再次执行。每次发力后重置动作的目的很明确，这就好像我们要执行单次最大高度的跳跃，落地后一定要调整再跳才可能完成最好的技术和最大的高度。

常见问题包括：下肢发力少，导致上肢发力过度；下肢三关节伸展不充分就过早执行向下动作；控制不够，身体被战绳向前方拉出去。

（a）

（b）

爆发力大波浪

图7.5　爆发力大波浪

相关信息页码
| 爆发力大波浪 | P131 |
| 连续小跳波浪 | P133 |

4	连续小跳波浪

这是一个较低强度的下肢增强式训练。双脚与髋同宽的预备姿势，双肘靠近躯干两侧。呼气，伸膝伸髋跳跃，吸气，落地缓冲。利用快速起跳落地的上下动作带动产生波浪（图7.6）。注意要连续原地执行跳跃，避免位移及停顿。

常见问题包括：跳跃时伸髋较少，伸膝或跖屈过多；或在战绳的拉力下向前跳跃。

图7.6 连续小跳波浪

5	战绳开合跳

训练上肢肌力、身体协调性，是较高强度的训练。虽然徒手开合跳很简单，但战绳开合跳显然不适合初学者。起始动作为双脚与髋同宽的运动员预备姿势，双手位于身体两侧，掌心略微朝前，这样做的目的是保持肩关节旋外。呼气，双脚朝两侧跳开，手臂从身体侧前方到头顶（图7.7）。这里需要注意，手臂不是在身体侧面到头顶，而是侧面偏前一点点，这是肩胛骨解剖结构决定的，配合在肩关节外旋的情况，这种方式目前来看对避免肩关节损伤是比较有意义的。吸气，手臂落回身体两侧，下肢还原到双脚与髋同宽。连续执行跳跃，尽量避免前后位移。

常见问题有：执行动作中出现屈髋、俯身等姿势；而在战绳的拉力下容易出现向

第七章 战绳训练

前跳跃，或为了对抗战绳出现了身体后仰，这两种姿势也应该尽可能避免。

战绳开合跳

图7.7　战绳开合跳

6　侧身单手波浪

提高身体在冠状面的稳定性。起始姿势时身体侧对战绳锚点，站姿单手持战绳，由脚（或手）固定战绳另一端，头微微转向锚点方向，躯干则不进行旋转（图7.8）。大臂带动小臂上下甩动战绳，保持有节奏的呼吸，过程中避免躯干旋转及产生下肢动作（尤其是髋关节）。

常见的问题包括：起始姿势设定时躯干过多转向锚点、髋关节左右摇晃助力，重心朝对侧（锚点反方向）转移，以体重对抗战绳拉力。

相关信息页码
战绳开合跳　　P133
侧身单手波浪　P134
45°双手波浪　 P135

图7.8 侧身单手波浪

侧身单手波浪

7 45°双手波浪

提高躯干抗旋转稳定性以及抗侧屈稳定性。起始时预备姿势[图7.9（a）]，双脚与战绳呈45°[图7.9（b）]，双肘靠近躯干两侧，胸椎旋转使两肩连线与战绳成90°夹角。保持有节奏的呼吸，大臂带动小臂上下甩动战绳，过程中除上肢动作，全身应保持稳定，该动作可做双手同步波浪也可做交替波浪。

常见的问题是设置起始位置时旋转角度过大，或上半身没有调整到正确位置便开始动作。

（a）
图7.9

第七章 战绳训练

45°双手波浪

（b）

图7.9　45°双手波浪

8　45°弓箭步波浪

核心抗旋转稳定性及下肢稳定。身体呈45°侧对锚点，弓步跪姿，靠近锚点的腿在前，双肘靠近躯干两侧（图7.10）。胸椎旋转使两肩连线与战绳成90°夹角。这个起始姿势的设定可以参考45°双手波浪，让远离锚点的脚后退一步并呈弓步姿势。动作执行中保持均匀呼吸，大臂带动小臂上下甩动战绳，过程中除上肢动作，全身应保持稳定。同上一个训练动作，也可以做双手交替或同步波浪。

常见错误与45°双手波浪类似，起始位置角度过大，胸椎没有调整到正确位置便开始动作。

图7.10　45°弓箭步波浪

9　旋转长鞭

　　提高旋转爆发力，适合于旋转模式的运动，也可以提高抗旋转稳定性。起始姿势为髋膝微屈站立（站姿高于运动员预备姿势），双手持战绳于腹部前方[图7.11（a）]。动作先以右腿为支撑腿，呼气，以左脚前脚掌拇指根部为轴旋转，使左髋内旋，随后带动躯干及手臂，将战绳甩至身体右侧，可以想象成柔道的"抱摔"动作。双脚反复转换（支撑腿与发力腿）连续执行[图7.11（b）]，需注意这个动作并不是一个纯粹的躯干或上半身的发力，有力的旋转应该是由脚发动的，利用身体每一个可旋转发力的关节产生逐节推动的发力链，最后在手上发出。

　　常见错误有旋转时前脚掌没有踩实（常见脚尖虚点地），几乎只使用上肢发力，或上下肢不协调。

第七章 战绳训练

(a)

旋转长鞭

(b)

图7.11 旋转长鞭

10　扫地

提高肩复合体的稳定性和髋关节的稳定性。运动员预备姿势，双肘靠近躯干两侧[图7.12（a）]。动作执行时肩关节旋外使战绳向两侧打开，旋内使战绳朝内侧聚拢，连续快速执行[图7.12（b）]，保持下肢稳定。过程中保持有节奏的呼吸（呼吸方式可参考跑步）。该训练充分利用了绳子和地面的摩擦力，以此作为练习阻力，因此如果地面摩擦力过大，仅仅靠肩关节旋外的力

相关信息页码

扫地	P138
蛇形	P139

就不足以完成动作，这时身体会依赖表层的大肌群进行动作，这与训练的初衷相违背，因此安排训练时地面的摩擦力是必须要考虑的。

常见错误是躯干有上下动作，或借用较多肩部的外展内收动作。

（a）

（b）

图7.12　扫地

扫地

11　　　　　　　　　　　　蛇形

提高躯干抗旋转稳定性、髋关节稳定性，以及胸椎灵活度。运动员预备姿势，双手持战绳于腹部前方，建议采用与肩同宽的站姿 [图7.13（a）]，目的是更好

第二部分 功能性训练的训练技术

第七章 战绳训练

的稳定髋关节。动作执行时利用胸椎旋转动作带动战绳横向摆动[图7.13（b）]，执行动作中保持髋膝稳定，双手对准躯干中线随胸椎旋转进行摆动（避免出现躯干不动、手左右摆动的动作）。过程中保持有节奏的呼吸，由于这个动作主要来自胸椎旋转，因此动作幅度无须太大。

常见错误有：髋关节不稳定（产生旋转），加上动作是双脚踩实在地面，这就可能会导致膝关节旋转；含胸也是一个常见的问题，这样的姿势不利于胸椎旋转动作的产生，更容易产生腰椎代偿，甚至因腰椎旋转造成损伤；动作幅度过大会导致出现髋膝代偿的旋转。

（a）

相关信息页码
上勾拳　　P141

蛇形

（b）

图7.13　蛇形

| 12 | 上勾拳 |

提高旋转爆发力，适合于旋转模式的运动。起始姿势为格斗姿站立，双脚脚尖微打开，双手持战绳在下巴与胸前附近［图7.14（a）］。动作执行时维持前方腿（支撑腿）稳定，后腿前脚掌为支撑点做蹬地旋转，向上传递转髋，呼气，旋转躯干，顺势上勾拳，前手保持不动，类似防守动作［图7.14（b）］。吸气，快速还原至起始姿势，还原动作也需要维持前腿（支撑腿）稳定，避免膝内扣，连续执行。

常见错误包括：下肢旋转动作不充分，上肢发力过多；还原动作时，支撑腿不稳定，常出现膝内扣和弓背圆肩等不良脊柱姿势。

（a）

（b）

图7.14 上勾拳

上勾拳

第七章 战绳训练

13　肩关节外旋小波浪

提高肩复合体稳定性。起始姿势为肘关节弯曲 90 度，位于肩关节下方，略屈髋屈膝（比预备姿略高）。动作执行时肩胛骨保持稳定，肩关节做小幅向外环转动作，快速转动使战绳产生连续向外滚动的小波浪（图 7.15），过程中保持有节奏的呼吸。

常见错误有：肘关节离开身体较多（外展幅度大），或身体不稳定。

肩关节外旋小波浪

图 7.15　肩关节外旋小波浪

14　总结

战绳训练中较为基础的耐力型波浪和原地的快速波浪相对简单，其他训练技术大多对身体稳定性、速度、爆发力及协调等综合素质有一定要求。因此初学者执行时会出现很多问题，进行纠正往

相关信息页码

肩关节外旋小波浪	P142
总结	P142

往也无法达到预期，这很有可能是训练者的身体运动水平没有达到所需标准，也就是说一些战绳训练的动作目前还未必适合该训练者。教练可以选择退阶，或仅使用战绳做一些基础训练动作，也可以通过其他训练形式提高训练者的综合水平，再进行高难度高强的战绳训练。

第八章 药球训练

知识目标

1. 了解药球的爆发力训练和其他在"手中"的设备的区别
2. 明确不同药球的使用方式,即适用环境和动作
3. 学会药球的训练技术并可以根据运动需求选择适合的动作

能力目标

1. 掌握药球训练动作的执行标准
2. 通过对药球训练动作的练习,强化自身运动技巧,提高综合体能水平,并能高质量完成动作演示,以便于为训练者进行演示及教学

素养目标

通过有计划的规律训练提升自身体质及运动表现,成为训练有素、教学能力强的优秀教练

相关信息页码

设备种类	P145
训练特性	P145

第一节 药球训练须知

1　设备种类

由于语言的区别,导致"药球"这个名字在国内训练界涵盖的范围比较大,但其实设备的名字并不重要,从运动中获取的收益才是关键。本章将实心球、软药球(壁球)与沙球的介绍,都囊括在这个范畴的训练里。需要注意的是壁球应尽量避免大力摔地(容易损坏设备);而沙球特别适合做击地训练,并且不用担心反弹出去破坏周边物件或击伤周边训练者;实心球较硬,所以在抛接过程中需要特别注意(图8.1)。

(a)实心球　　　　　(b)软药球(壁球)　　　　　(c)沙球

图8.1　药球

2　训练特性

药球是非常适合做爆发力训练或增强式训练的工具,适用于搭档式的抛接、击墙、击地,或直接投掷的训练方式。这些训练与动作模式接近的其他训练设备对比,又有什么特殊性或优势呢?我们用一个和药球比较像的设备进行对比,就是第五章学习的能量包。同样的软质设备、体积较小,可以执行很多旋转类的训练。但这两个设备在执行某些训练的时候,比如"火箭推"这类动作就会有明显的区别了。能量包进行火箭推是为了让能量包刚好地"停"在头顶,训练者需要主动减速自己的爆发力进行动作。也就是说,在下肢三关节伸展的最后阶段需要主动减速;如果采用药球,完

第八章 药球训练

全可以用最高的发力速度将球抛出去，减速是在球抛出后进行的。更进一步说，就是选择动作后半段是减速状态（比如能量包火箭推），还是完全释放状态（比如药球火箭推）。这样的区别，在一些需要末端释放，比如投掷类、挥拍类、击打类的项目训练中，会更倾向于药球的爆发力训练。

第二节 药球训练技术

1 药球爆发力前推击墙（无髋关节助力）

训练躯干稳定状态下的上肢爆发力。预备姿势，微屈髋、屈膝、背部挺直，站于距离墙面大约1米处（具体距离需要参照训练者臂长及力量），屈肘，双手持药球于胸前［图8.2（a）］。呼气，保持下肢不动，仅用上肢力量大力将球水平前推至墙面［图8.2（b）］，随后保持肘关节微屈，待药球回弹后接住药球，吸气，顺势缓冲将药球移向胸前（减速过程），接球后尽可能快的再次推出（加速过程），发力推球时呼气。

常见错误：下肢不稳定，差生借力动作。

变化方式：分腿站姿、双膝跪姿、弓步跪姿及V字坐姿。

2 药球爆发力前推击墙（髋关节助力）

整合全身动力链，提高爆发力。运动员预备姿势站于距离墙面大约1米处（参照臂长与力量），屈肘，双手持药球于胸前［图8.3（a）］。呼气，快速伸展髋、膝关节并大力将球水平前推

相关信息页码

药球爆发力前推击墙
（无髋关节助力） P146

药球爆发力前推击墙
（髋关节助力） P146

[图8.3(b)]。球离手后保持肘关节微屈，接球后吸气，缓冲，并屈髋、屈膝，连续执行。

图8.2　药球爆发力前推击墙（无髋关节助力）

进阶版本是单次执行的，起始位置离墙更远，重心前压（身体前倾），推出球后可顺势向前一步，避免摔倒，这种重心前压的好处是，可以把伸膝、伸髋的力量更多加载到前推的方向上。

常见错误有上下肢发力脱节。如果发现训练者不能很好地使用髋关节伸展的力量，也可以采用跪姿的方式执行，这样的目的是使训练者更关注于髋关节发力。

图8.3　药球爆发力前推击墙（髋关节助力）

第八章 药球训练

3 药球火箭推

增加下肢爆发力和躯干稳定性，整合身体下肢到上肢的动力链。双手持药球位于胸前，双脚分开与肩同宽，身体站直。动作执行开始时先吸气快速下蹲，根据训练者的需求可采用半蹲或全蹲[图8.4（a）]，随后立即呼气，并快速站直，同时顺势向上推出药球[图8.4（b）]。肘微屈等待药球回落，接住药球后，吸气，下蹲后再上推，连续快速执行。

常见错误是动作执行速度慢，或在快速执行动作时产生了深蹲常见的技术错误，还有一种情况就是下肢动作很小，上肢发力太多。

相关信息页码
药球火箭推　　P148
单膝跪姿旋转击墙　P149

（a）

药球火箭推

（b）

图8.4　药球火箭推

4　　　　　　　　单膝跪姿旋转击墙

提高核心抗旋转能力及旋转爆发力，非常适合旋转发力的运动项目，比如球拍类或击球类（例如网球，高尔夫）、投掷（例如标枪，棒球投手）、格斗类运动。单膝跪姿侧立于墙旁约1米（具体距离视训练者水平而定），使靠近墙的一侧腿在前面，靠近墙的手托球，外侧手在球的侧方［图8.5（a）］。呼气，躯干旋转，双手顺势将球大力甩向墙面［图8.5（b）］。回弹接球后，吸气配合躯干旋转缓冲，随后立即呼气，再次旋转推出。

常见错误有躯干旋转发力不足，上肢产生独立的"推力"，或髋关节过多旋转。跪姿训练的目的就是"锁住"骨盆和髋关节，更多利用躯干旋转。这个训练有两种常见的变化，第一种是采用双腿髋、膝微屈，分腿站姿作为起始位置，旋转的力更多是由下肢开始发动，随后带动躯干从手上爆发出去。另一种相当于是更进一步的进阶，距离墙面更远，侧跨一步后进行旋转发力。

单膝跪姿旋转击墙

（a）
图8.5

第八章 药球训练

图8.5 单膝跪姿旋转击墙

5. 前转身双侧交替击墙

提高核心抗旋转能力及旋转爆发力，非常适合旋转发力的运动项目，比如球拍、投掷、格斗类运动。屈髋屈膝正对墙面，药球置于身体侧方 [图8.6(a)]。与球同侧的脚蹬地、髋关节旋转并伸展，同时呼气，旋转胸椎以带动手臂将球甩出 [图8.6(b)]。球击墙后，双手接球，吸气并顺势朝对侧旋转，屈髋、屈膝缓冲。重复连续两侧交替执行。

常见错误是没有有效利用下肢及躯干旋转的力量，上肢发力太多。

6. 站姿过头击地

提高身体前链爆发力。双脚与肩同宽，跨于药球两侧，下蹲后双手持握药球 [图8.7（a）]。动作执行的开始阶段是下肢三关节伸展快速起身，顺势将球抓至头顶上方偏后 [图8.7（b）]，此时最好伴随脊柱及髋关节小幅度伸展。短促呼气，快速屈髋，将球用力

相关信息页码
前转身双侧交替击墙 P150
站姿过头击地　　　P150

砸向地面［图8.7（c）］。

常见错误有过分使用手臂力量，而降低了躯干和髋关节发力，或者深蹲技术动作不理想。

常见的变化方式有站姿过头抛球（前抛），站姿或弓步过头伐木（斜下方），站姿过头锤击（球从身体侧后方绕过头顶再击地，会有更多的旋转发力）。在球的选择上需要结合动作方式，比如击地用沙球、抛出去可用软药球或实心球，如果是击打墙面则用软药球。

（a）

（b）

图8.6　前转身双侧交替击墙

前转身双侧交替击墙

第八章 药球训练

相关信息页码

总结　　　P153

站姿过头击地

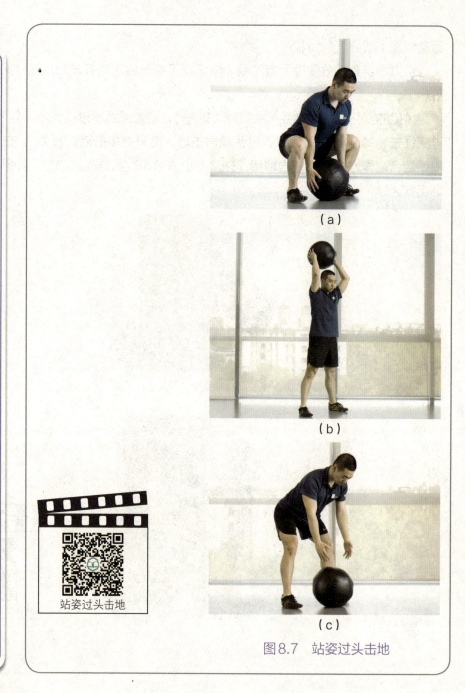

图8.7　站姿过头击地

7　总结

　　药球这类设备的特性（可抛接）决定了其独特的训练优势，并体现在爆发力训练和增强式训练领域中。此两类训练都是相对难度较高的，需要训练者的身体综合功能性和运动能力较强。如果用药球执行一些低速的训练动作，变成把药球作为一个"负重"的训练工具，那药球训练的优势则无法体现，因此高阶训练者与药球独特的爆发力和增强式训练更为契合。

第三部分　功能性训练计划设置

功能性训练

POINT 09　**功能性训练的训练计划**

- 训练者的动作模式评估
- 从0到1的功能性训练改善计划
- 以运动表现提高为目的的训练计划
- 训练课表的编排

第三部分 功能性训练计划设置

第九章 功能性训练的训练计划

知识目标

1. 理解训练者功能障碍的成因以及纠正思路
2. 在基础体能达标的前提下，用功能性训练进一步提高运动表现

能力目标

1. 可以设定以改善运动功能不足为目标的训练计划
2. 可以设定以增加运动表现为目标的训练计划

素养目标

利用所学的知识，为更多训练者提供安全、有效、合理、人性化的训练计划，成为有知识有素质的健身及健康的工作者

第一节　训练者的动作模式评估

在为训练者编写训练计划前，教练至少要进行两项工作：目标设定和评估。大多数情况下，训练目标应该是训练者提出的，除非训练者提出的目标是不健康或不切实际的，否则教练只需要遵循训练者的目标即可。教练需要根据训练者的需求选择具体的评估项目，评估结果有时会显示训练者目前的身体状态未必适合直接进行相应的训练内容。例如一位办公室女性白领训练者，希望进行肌力训练以塑造臀部的"线条"，那么髋屈伸的动作模式训练将是非常高效的。评估中教练发现她因长期久坐导致屈髋幅度不足，并在执行屈髋动作时伴随骨盆后倾，这时进行硬拉训练会增加腰椎受伤风险。因此教练可能会安排一些髋关节活动度训练和腰椎、骨盆的稳定训练，这就是教练"修订"训练者训练目标的过程。

作为教练，给训练者设计的训练计划中如果包含了功能性训练的元素，一定要考虑到安排这些动作的目的，是改善运动功能障碍（偏大众），还是特定专项能力提高（偏专项），有时训练者的训练需求未必能清晰表达，需要教练通过沟通询问的方式"挖掘"真实需求。

评估内容的选择本就没有"万金油模板"，因为根据训练者的目标需求，教练评估的内容会有针对性。比如训练者 A 喜欢长跑，那么心肺功能、下肢肌力肌耐力及股后肌群的柔韧性将是教练的主要评估内容（当然也可能包括其他评估内容）。而训练者 B 在公司篮球队是主力后卫，那他的评估很可能是包含了敏捷性（比如 T 测试）、30 米折返跑、纵跳等。训练者 C 是一位办公室白领，每天上下班开车，几乎不做任何运动，甚至日常生活中的走动都是很少的，他表示现在腰不太舒服，去医院检查没有任何损伤问题，医生建议加强运动，这时教练的评估会从下肢耐力，髋关节、胸椎活动度以及核心力量入手，可能也会加入一些动作模式评估，比如让训练者进行俯身动作，看他执行动作时采取的"姿势策略"。从训练者 A、训练者 B、训练者 C 的案例不难看出，训练目标不同的

第九章 功能性训练的训练计划

训练者进行的评估很可能相差很远。

有一个很经典的观念：结构会影响功能，而功能会影响"运动表现"。这里运动表现打上引号，是希望教练能明白这里的运动表现未必只是那些传统竞技比赛项目。对于一个普通的大众，日常生活就是他独特的"竞技场"。很多训练体系都会进行广泛的评估，这些评估可能包括了体态、关节活动度、躯干的稳定性，动作模式的正确性，以及经典的大众体适能评估和竞技体适能评估。

我们列出常见的一个较为常见的评估顺序：

（1）静态体态评估。

（2）关节活动度评估。

（3）稳定性和动作模式评估。

（4）一般体适能评估。

（5）竞技体适能评估。

市面上有很多工具可以协助教练进行评估，比如教练会使用FMS套件进行动作筛查，上述第3步采用FMS进行动作模式评估也是不错的选择，而教练使用广泛的生物电阻体测仪，本身就是一个评估工具。

本章将介绍一种很便捷的评估方式，用以进行第3步稳定性和动作模式的评估，这种方法尤其适合在大众健身领域使用。因为大多人并不喜欢一整套的"检查"，这种体验往往会使他们对训练增加"恐惧感"，他们更希望尽快动起来。思路就是，"训练本身就是评估"，当教练员发现训练者执行训练时无法有质量地完成某些动作，我们便可以利用前面的知识，把该动作直接"解剖"。

下面将用一个简单的案例示范：训练者在执行硬拉动作时，出现技术不良，在教练的纠正下改善也不是很理想，那么便可以把硬拉动作进行分解，如图9.1标注的部分，硬拉可以描述为站姿状态下、躯干抗屈曲的下肢拉。

图9.1 硬拉

这时便可以从两个角度去考虑：

（1）站姿训练的基础还不够？那么我们便退阶到跪姿，比如跪姿能量包的硬拉。

（2）躯干的抗前屈稳定性不足？那么我们便进行脊柱抗屈训练，比如静态或动态的臀桥。

有经验的教练在监督训练者训练时，会不断进行观察。这种观察不只是为了纠正动作中出现的问题，也是为了评估，而一旦找到了训练者的一个身体功能上的"短板"，就要考虑有计划地改善从而提高这个"短板"。

第二节　从0到1的功能性训练改善计划

这里的 0 指的是运动能力较差的一般健身者，教练只需要遵循前面提到的 ARCM 原则的顺序，即体态调整、关节活动度提高、核心稳定训练及动作模式训练。在完成这些内容之前，是不建议训练者进行太多高强度或者复杂动作模式的训练的，本书只集中介绍核心稳定训练和动作模式训练的内容。

稳定训练的形式主要有：

（1）静态稳定性训练：训练者保持固定的姿势完成的稳定训练。

（2）动态稳定性训练：动态动作中维持稳定的训练，比如上肢推的动作就是肩关节

第三部分 功能性训练计划设置

第九章 功能性训练的训练计划

的动态稳定训练,或者土耳其起立,几乎全程都是动态稳定训练。

(3)反馈稳定性训练:在外力干扰下,维持身体的静态稳定或动态稳定的训练。

对于功能性训练来说,应该时刻强调三个区域的稳定,只有近端的稳定,远端的活动度和力量才得以施展。而稳定性训练是从脊柱及骨盆的稳定训练开始,再向上进行肩复合体稳定训练,向下进行髋膝稳定训练(图9.2)。

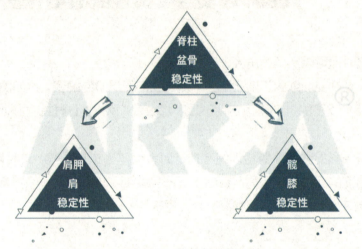

图9.2 稳定性训练

体位的进阶顺序应该遵循下面的进程

1. 卧位(躯干不离地或部分离地)
2. 坐姿位(坐骨在地面)
(1)有支撑辅助。
(2)无支撑辅助。
3. 支撑位(躯干完全离地)
(1)上肢进阶:前臂支撑→手掌支撑。
(2)下肢进阶:膝及脚支撑→前脚掌支撑。

4. 跪姿

（1）低位双膝跪姿（屈髋位）。

（2）弓步跪姿。

（3）高位双膝跪姿（伸髋位）。

5. 站姿

（1）双脚。

①站立（髋膝伸展）。

②蹲（髋膝屈曲）。

（2）单脚。

①站立。

②蹲。

这个进阶过程很像人类的"小儿粗大动作的发育过程"，因为这个过程正是一步步建立关节稳定和肌力基础的过程。按照这样的次序一步一步建立三个区域的稳定性后（前提是训练者没有严重的关节活动幅度受限的问题），便可以快速地学会各类动作模式，比如推、拉、旋转、蹲、跑、跳等。这便是一个从 0 到 1 的过程。需要了解的是，每一位训练者的进阶速度快慢不一，所以有时候的进阶会呈现跳跃式，而那些训练者已经可以很好地完成体位上的动作，也可以放在热身中，也可以加入代谢消耗的训练中进行高重复次数。

第三节　以运动表现提高为目的的训练计划

除了前面提到的适合于大众健身领域的"从 0 到 1"建立基本运动功能外，功能性训练的另一个比较显著的作用便是有针对性的提高运动表现。

如果观察到一位选手在执行某一个专项动作时出现"问题"，教练依然可以用上述的基本动作元素（图9.1）的思路去"解剖"一个动作，这样教练便可以在训练中更有针对

第三部分 功能性训练计划设置

第九章 功能性训练的训练计划

性的提高选手的某个"短板",思路依然是退阶进行技术纠正和训练,之后再一步一步进阶到他需要达到的专项需求。

在对选手的项目进行需求分析的时候,除了主要运动模式、参与肌群、能量系统等方面,还要考虑损伤预防的问题。不同专项运动的常见受伤状况都会有一些特殊性,比如公路自行车选手在骑行时为了降低风阻,会长时间处于躯干屈曲姿势(图9.3),这将会产生一个显而易见的潜在危险,便是下背部受伤。因此预防由腰椎屈曲引起的下背痛便是功能性训练的目标之一。结合公路自行车运动模式和比赛的特性,教练会快速罗列出一些关键词:心肺、髋膝伸展、下肢耐力等。结合这些关键词,教练脑海中会瞬间出现一个非常契合的动作——壶铃摆举(Swing),这恰是一个腰椎维持稳定为前提的髋膝伸展发力的动作,只要配合合理的重量,设定一个偏耐力的负荷便可,而壶铃本身就是一个很好的训练耐力和心肺功能的工具。

图9.3 躯干屈曲姿势

由上面的例子可以总结出，为专项运动人群设计或选择功能性训练动作的思路：

（1）明确功能性训练的目的：

① 提高专项运动能力。

② 预防专项运动的常见损伤。

（2）结合上述目的分析及拆解动作基本元素

（3）把拆解出的基本动作元素组合成契合的"功能性训练动作"

设计好了适合训练者的动作，接下来要考虑的便是训练计划。从工作的职责划分来说，功能性训练的部分一般是由体能教练来完成的，那么训练强度和训练量均可以与体能训练进行同步设置。需要注意的是，功能性训练中以全身整体性运动的动作，应设置在顺序靠前的位置；而集中进行躯干区域训练的内容应该放在训练的后半段。这是因为如果训练者感觉躯干比较疲劳，控制能力及稳定性会有所下降，有机会影响其他动作的完成质量。另外在训练强度的设置上，要注意强度增加都要以"有质量的完成动作"为前提。

第四节 训练课表的编排

功能性训练可以与传统体能训练一起组成一次训练，也可以作为一节独立的功能性训练课程，因此训练频率的设定也需要进行相应调整。如果和体能训练互相组合，那意味着是在体能训练课程内加入功能性训练的部分，训练频次与体能训练同步即可。而如果是把功能性训练作为独立训练课程，推荐进行一周4次功能性训练，但往往训练者也要进行其他类型的训练内容，所以可能要在训练者身体状况允许的情况下安排1~4次功能性训练课程。

每次训练都将从热身开始，然后是训练部分，最后以放松恢复的内容结束。

第九章 功能性训练的训练计划

相关信息页码
热身部分　P164
训练部分　P164
放松恢复　P165
总结　P165

1 热身部分

结合本书第三章的内容，热身部分的顺序建议从筋膜放松开始，可以选择泡沫轴进行与本次训练有关联的部分进行，当然如果本次的训练内容都是偏向于全身性的，泡沫轴动作的选择也要尽量覆盖到全身。然后是伸展类热身，同样是选择一些与本次训练内容有关联的肌肉进行静态拉伸。假设训练者身体大部分区域都很紧张，即使本次练习的内容是只偏向于上肢，可能也会对他的下肢进行拉伸，因为从长期训练收益的角度去考量，这样的拉伸本身也是对他有益的。再接下来便是稳定性和灵活性的激活，这里选择的动作往往会加入一些"功能性训练动作"，当然这些动作应是训练者相对容易完成的内容，而不应该是有挑战的强度或不能很好执行的动作模式；最后用动态热身进行整合，必要时还会加入一些灵敏性的热身，比如使用绳梯。

2 训练部分

在选定了适合训练者的动作之后，排序需要尽量把握以下几个原则：

（1）动作学习或有挑战的内容放在较前面的位置
（2）动作复杂性从高到低
（3）训练强度从高到低
（4）动作速度从快到慢
（5）集中在躯干的疲劳训练一般放在最后

在训练强度方面的设定正如前文提到的，应以"动作质量"为前提，进行稍有挑战的强度训练，如果训练强度太低，训练者的训练收获也是较低的，教练可以想象强壮的勒布朗詹姆斯如果提着8公斤的壶铃进行农夫行走，这显然不是在"训练"。

训练中休息的设定通常是在训练：休息为1:1至3:1之间进行选择，具体的设置要结合训练强度，越高的训练强度需要设置越长的间歇时间。

最后是训练的编排形式，功能性训练常见的编排形式可以是类似于传统体能训练的形式，比如完成动作10次，休息30秒，再次执行动作10次，再休息这样的"训练组"的方式。也可以是类似于循环训练，比如动作A、B、C、D各10次，连续执行后进行组间歇。也可以采用高－低强度间歇训练，比如高强度训练A穿插着低强度训练B进行，这样在执行低强度训练B的时间里，就相当于是主动恢复的过程。具体采用哪种形式，不仅要参考训练动作的选择，也要遵循训练者对能量系统的需求。

3　放松恢复

训练的主体部分结束后，进行放松恢复的益处良多。无论是从短期的疲劳恢复，还是从长期的损伤预防和运动表现的提高的角度，均有理想的收效。建议对训练的肌群进行泡沫轴或主动拉伸的放松，如果有条件，被动的拉伸和按摩自然是更优的选择。

4　总结

在动作的设计和选择方面，一定要做到"有道理"，这意味着教练选择的训练内容一定是适合训练者需求的，并且是训练者喜欢和易接受的形式。甚至可以尝试邀请训练者一起参与计划的制订，比如，列举出方案A、B、C，对他的训练目标来说都可行，只是形式略有区别，当训练者参与了选择，他执行训练的配合度会更高，训练动力会更强。执行训练的过程中，教练员要时刻关注训练者完成动作的质量，动作质量下降时应给出有效提示，或提出降低强度，增加间歇时间或调整成退阶训练的方式来保证"动作质量"，功能性训练应以动作质量为前提，再进行训练强度及训练量的提高。

参考文献

［1］ Tudor Bompa, Carlo Buzzichelli. 周期训练理论与方法. 曹晓东，黎涌明，杨东汉，等译. 北京：人民邮电出版社，2019.

［2］ Mark Verstegen, Pete Williams. 核心区训练：改善身体及生活的革命式训练方案（Core Performance The Revolutionary Workout Program to Transform Your Body&Your Life）. 周龙峰，译. 北京：北京体育大学出版社，2015.

［3］ Donald A.Chu，Gregory D.Myer. 快速伸缩复合训练指南. 高延松，陈洋，译. 北京：人民邮电出版社，2019.

［4］ Michael Boyle. 体育运动中的功能性训练（NEW FUNCTIONAL TRAINING FOR SPORTS）. 张丹玥，王雄，译. 北京：人民邮电出版社，2017.

［5］ Juan Carlos Santana. 功能性训练：提升运动表现的动作练习和方案设计. 王雄，袁守龙，译. 北京：人民邮电出版社，2017.

［6］ 美国国家体能协会等.NSCA-CSCS 美国国家体能协会体能教练认证指南.4 版. 王雄，闫琪，周爱国，等译. 北京：人民邮电出版社，2021 年.